ROBERT ASSIRE

ROBERT ASSIRÉ

ÉTUDE HISTORIQUE ET BIOGRAPHIQUE

PAR

LE VICOMTE OSCAR DE POLI

Président du Conseil Héraldique de France

O fortuna potens, quàm variabilis!
Sénèque.

PARIS

CONSEIL HÉRALDIQUE DE FRANCE

21, AVENUE CARNOT, 21

1887

ROBERT ASSIRE

ÉTUDE HISTORIQUE ET BIOGRAPHIQUE

PAR

LE VICOMTE OSCAR DE POLI

Président du Conseil Héraldique de France

O fortuna potens, quàm variabilis !
SÉNÈQUE.

PARIS

CONSEIL HÉRALDIQUE DE FRANCE

21, AVENUE CARNOT, 21

1887

AU LECTEUR

Robert Assire, loyal serviteur de trois Rois de France, — Jean II, Charles V et Charles VI, — vécut dans un siècle tout rempli d'alternatives de gloire et de malheur, dans lesquelles s'ouvrit une ère inconnue de factions, dont l'histoire devait se reproduire plus d'une fois avec de fatales similitudes.

Il était de ce brave « pays de sapience », — comme jadis on appelait la Normandie, — si fier de sa vieille charte, si heureux, sous l'égide de la Royauté nationale, avec ses antiques franchises, ses États, ses Échiquiers, ses libertés, — autant d'institutions qui faisaient sa prospérité, rehaussaient la dignité de ses citoyens, et que la révolution a confisquées.

Le nom d'Assire émerge en Normandie dès le XIIe siècle avec l'auréole du courage civique ; il est encore représenté, de nos jours, dans cette généreuse province. Il apparaît çà et là, dans le cours des âges, avec des fortunes diverses, dans les rangs tântôt de la Noblesse militaire, tantôt de la Bourgeoisie normande.

Pendant ce laps de plus de sept cents ans, aucun des Assire n'a forcé « les portes du Temple de Mémoire », comme on disait au grand siècle : mais il y a dans toute famille, même la plus humble, une figure plus en relief, planant de plus ou moins haut sur le niveau social de ceux dont elle est venue comme de ceux qui sont venus d'elle ; c'est l'orgueil et le pôle de la race : Robert Assire a été celui-là.

J'ai pensé que la vie de ce fonctionnaire français du XIVᵉ siècle, racontée simplement à la lumière de ses actes, ne serait pas sans intérêt. Il s'y rencontre, d'ailleurs, plus d'un nom historique, Robert Assire ayant été mêlé, non sans les déboires ordinaires, aux événements politiques qui marquèrent ou suivirent le règne réparateur de Charles V. Une biographie comme la sienne, étayée de documents authentiques, nous introduit pour ainsi dire, dans l'intimité d'une époque, et nous fait voir le passé de la patrie tel qu'il fut : digne de notre tendre admiration et de tous nos respects.

J'ai à cœur de remercier Mᵣ Edmond Assire du très courtois empressement qu'il a mis à me communiquer ses titres de famille, qui m'ont permis de rendre moins incomplète cette modeste étude. Je prie également Mᵣ l'abbé V. Rohée, archiprêtre de Lisieux, et Mᵣ Amédée du Buisson *de Courson, membre honoraire du Conseil Héraldique de France, de recevoir l'expression de ma bien vive gratitude pour les précieuses communications dont je suis redevable à leur parfaite obligeance.*

I.

II.

III.

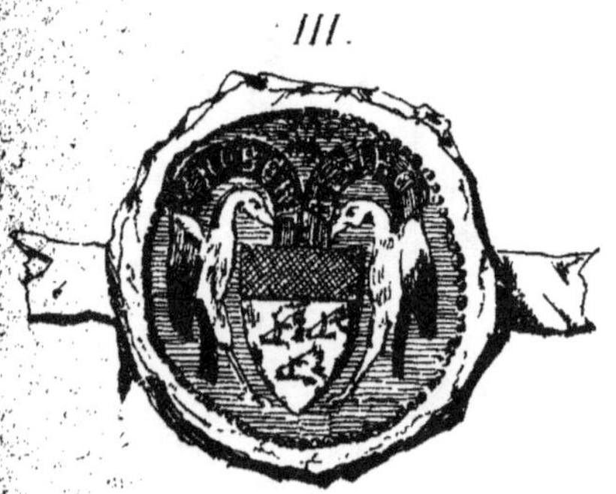

IV.

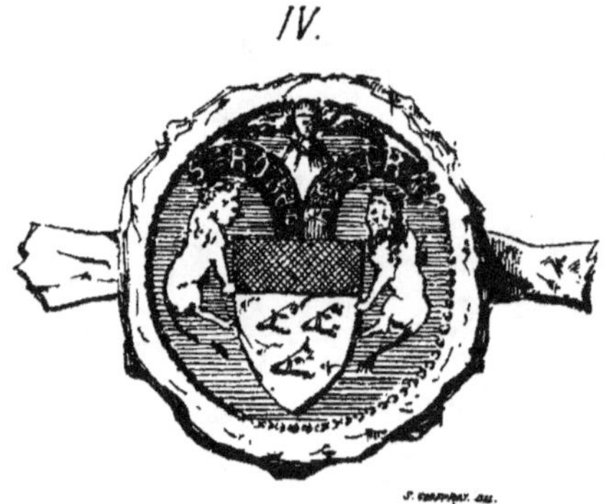

SCEAUX de ROBERT ASSIRE.

I. — 1374, Vicomte d'Auge.

II. — 1376, Elu des Aides pour la guerre.

III. — 1377, Maitre des Eaux & Forêts.

IV. — 1381, Trésorier de France.

ROBERT ASSIRE

ÉTYMOLOGIE — ORIGINES

Le nom d' « Assire » est des plus anciens au duché de Normandie, où il apparaît dès le douzième siècle,[1] et, dans sa forme archaïque, qu'il a conservée jusqu'à nos jours, il est essentiellement français.

On sait qu'au moyen âge le datif était usité dans certains cas où nous employons à présent le génitif ; on disait : le fils *à* Jacques, la maison *à* Robert, la terre *à* Jean, le fief *aux* Durand.[2] C'est de cet usage que dérive l'onomastique d'un certain nombre de vieilles familles : aux

[1] *Preuves*, I.

[2] Rôle des fiefs de la vic. d'Orbec en 1320 : « Les fiefs *as* Perier,... *as* Charons, *as* Beloches,... *as* Auneys... « (H. de Formeville, *Hist. de Lisieux*, t. II, p. 387-388.)

Cousteaux, aux Espaules, [1] aux Massues, [2] au Maire, à la Martine, etc. Les scribes latinisants traduisaient généralement ces noms par l'accusatif précédé de la préposition *ad* ; [3] mais en réalité « aux Cousteaux », « aux Espaules » étaient absolument synonymes de « des Cousteaux » et « des Espaules » ; et ce qui le démontre, c'est que plusieurs de ces familles, dans la suite des temps, abandonnèrent le datif pour prendre le génitif, c'est-à-dire la particule ; telle, la famille Alamartine, dont le nom s'est éteint de nos jours dans un éblouissement de gloire poétique.

Nous savons encore qu'au moyen âge on écrivait « as » pour « aux » [4] et quelquefois pour « au » [5]. — « Assire » signifie donc « aux Sire » ou « au Sire », et c'était très probablement la prononciation originelle du nom, que l'on trouve,

---

[1] Quitt. du 23 nov. 1364 : « Nous Guillaume as Espaules, chevalier, cappitainne de Neauhou.... » *(Pièc. orig.*, doss. 24309, n° 2.)

[2] Arrêt de 1262 : « Petrus aus Maçues, miles ». (Arch. Nat., *Olim*, t. I, fol. 27.)

[3] *Olim*, ann. 1280 : « Theophima ad Cultellos ».

[4] E. de Rosny, *Rech.*, t. IV, p. 5, XIII° siècle : « Jehan as Roses... la rue as Telliers... » — *Cartul. de Silly*, fol. 182, ann. 1244 : «... fief as Maignarz... ». — Michaud, *Bibl. des croisades*, t. I, p. 370 : «... et en firent faire monnoye pur donner as chevaliers et as serjans. »

[5] H. Bouchot et Emm. Lemaire, *Livre rouge de Saint-Quentin*, p. 135, Lettres du sire de Moy, sept. 1303 : «... comment il amorti... as juré pour les poures... »

d'ailleurs, sous cette forme dans une montre
d'armes du mois de mars 1485. [1]

On pourrait objecter que la première forme
du nom, en 1180, est « Ascire », et en inférer
qu'il fût composé de l'article « as » et du prénom
« Cyr », qui s'écrivait autrefois « Cyre » ou
« Cire » ; [2] mais on va voir quels arguments
militent contre cette étymologie.

Le pays d'Auge, dont Lisieux était la capitale,
fut le berceau des Assire. En 1180, « Guillaume,
fils Ascire », est mentionné, dans les rôles
de l'Échiquier, comme ayant été frappé d'une
amende avec d'autres Augerons, — Gislebert de
Livet, [3] Richard des Loges, [4] Durand et Osbert
de Blangy, [5] Hugues de Bouttemont, [6] Hugues
de Livarot, [7] Guillaume de Dives, [8] Roger du
Castellier, [9] Robert et Turold du Bois, [10] Roger
de Saint-Silvain, [11] Barthélemi de Montgom-

[1] *Preuves*, 79 : « Thomas Ausire ».

[2] Le P. Anselme, *Hist. généal.*, t. II, p. 454 : « Saint-Cire », et
p. 849 : « Saint-Cyre » ; t. IV, p. 687 et 764 : « Saint-Cire » ; t.
VIII, p. 922 : « Saint-Cire ».

[3] Auj. Saint-Germain-de-Livet, comm. du canton de Lisieux.

[4] Les Loges, comm. de Saint-Jacques, même canton.

[5] Blangy-le-Château, ch.-l. de canton de l'arr. de Pont-l'Évêque.

[6] Bouttemont, comm. d'Ouilly-le-Vicomte, cant. de Lisieux.

[7] Ch.-l. de canton de l'arr. de Lisieux.

[8] Comm. de l'arr. de Pont-l'Évêque.

[9] Le Castellier, comm. de la Ferrière-Hareng, arr. de Vire.

[10] Le Bois, comm. du Tourneur, même arr.

[11] Comm. du canton de Bretteville-sur-Laize, arr. de Falaise.

mery,[1] Richard de la Couture,[2] Martin d'Ouilly,[3] Roger du Mesnil-Eudes, Guy de Beuvillers,[4] etc., — pour avoir assisté à un duel ou jugement qui avait eu lieu, de nuit, à Lisieux.[5] Il s'agit là très vraisemblablement d'un épisode de la lutte soutenue en 1177 contre le roi d'Angleterre, duc de Normandie, par Arnould, évêque de Lisieux, pour les « plaids de l'épée », que ce prélat disait lui appartenir dans sa ville épiscopale ; lutte qui eut pour dénouement sa retraite volontaire, après un épiscopat de quarante années. « Il se retira à l'abbaye de Saint-Victor de Paris, où il mourut le 31 août 1182, n'ayant vécu en cette retraite que quatorze mois ; il était âgé de 85 ans. »[6]

Guillaume Assire, et les autres Augerons dont on vient de lire les noms, avaient sans nul doute pris parti pour leur évêque et tenu de par son autorité « les plaids de l'épée » ; la justice du roi-duc les frappa, mais leur nombre est un argument en faveur du bon droit du pieux et courageux Arnould.

Tous leurs noms figurent encore sur la carte

---

[1] Sainte-Foy-de-Montgommery, Saint-Germain de Montgommery, communes du canton de Lisieux.

[2] Auj. La Couture-à-l'Abbesse, comm. de Saint-Désir, même canton.

[3] Ouilly-du-Houley, comm. du cant. de Lisieux.

[4] Communes du même canton.

[5] *Preuves*, 1 : « ... illorum qui interfuerunt duello Lexovii de nocte... »

[6] R. Séguin, *Hist. du pays d'Auge*, p. 79.

du Calvados, et presque tous aux environs de Lisieux. Ne devrions-nous pas y retrouver également celui d' « Ascire » ?

Le nom du fief était le plus souvent composé du nom, ou du prénom, ou du surnom de son premier possesseur, l'auteur du lignage, et du *châtel*, ou de la *cour*, ou de la *ville*, ou du *mont*, ou de la *ferté*, ou de la *motte*, ou de la *roche*, ou du *bois*, ou du *champ*, ou du *Mas,* ou de la *fontaine*, ou du *val*, etc., qu'il avait reçu en partage ; ainsi, par exemple, se formèrent les noms de Château-Briand, de Court-Alain, de Ville-Hardouin, de Mont-Doubleau, [1] de la Ferté-Bernard, de la Motte-Achard, de la Roche-Foucauld, de Bois-Guyon, de Champ-Aubert, de Mas-Gontier, de Vau-Girard, de Fontaine-Béthon, [2] de Pierre-Fonds, etc. [3] — Il se pourrait donc que le point précis du berceau des « Ascire » fût le fief de Cirfontaine, — aujourd'hui hameau de la commune de Marolles, à 8 kilomètres à l'est de Lisieux ; mais il importe de noter qu'au XIIIe siècle il était appelé « Sire-Fontaine ». Renaud de Sirefontaine, décédé sans enfants avant le mois de novembre 1269, tenait féodalement la sergenterie de l'Hôtellerie, limitrophe de la paroisse de Marolles en laquelle se

---

[1] *Cartul. de St-Vinc. du Mans*, p. 81, charte de 1015 : « Hugo Dublellus.... in proprio castro quod ab ipsius cognomine Mons Dublelli vocatur... »

[2] Cf. *Les seigneurs de Béthon*, par O. de Poli, p. 54-60.

[3] Cf. *Essai d'introd. à l'hist. généal.*, par le même, p. 209.

trouvait la terre de Sirefontaine. [1] Il paraît donc
plus plausible de présumer l'existence d'une famille du nom de « Sire », qui aura donné son
nom à ce fief, comme les Bliauds donnèrent le
leur à Fontaine-Bliaud [2] (aujourd'hui Fontaine-
bleau), et les seigneurs de Sirefontaine pourraient sans trop de témérité être présumés de
cette famille.

Les problèmes d'onomastique abondent dans
les vieux titres, grâce aux fantaisies orthogra-
phiques des scribes et, spécialement, à leurs té-
nébreuses latinisations. [3] Il se présente ici même
un de ces problèmes, bien fait pour exercer la
sagacité d'une légion de Saumaise.

Au début du xive siècle, Jean Domine, clerc,
Robert et Guillaume Domine sont possession-
nés précisément en cette paroisse de l'Hôtellerie, [4] dont la sergenterie appartenait avant 1269
à Renaud de Sirefontaine. « Domine » est évi-
demment la traduction française du mot latin
« *dominus* », [5] et *dominus* signifie exactement
« sire ». Puis, nous trouvons réunis ici les pré-
noms de Guillaume, Jean et Robert, usités anciennement dans la famille Assire. A mes lec-

[1] *Preuves*, 2.

[2] Jean Bliaut est à la conquête de Constantinople, en 1203
(Villehardouin.) — « Joh. de Fonte Bliaudi » est sergent d'armes
à Melun, en 1299 *(Olim).*

[3] Voy. mon *Essai d'introd. à l'hist. généal.*, p. 217-218, et notes.

[4] *Preuves*, 4, 5.

[5] « Robert Domini », dit Robinet, écuyer normand, sert en 1342

teurs de conclure ; peut-être quelques-uns in-
clineront-ils à voir dans les « Domine » un antique rameau de cette famille.

Quoi qu'il en soit, encore que le pays d'Auge
ait été incontestablement son lieu d'origine, les
archives du département du Calvados ne renfer-
ment aucun document qui la concerne, « bien
qu'elle figure, par une erreur de lecture, dans la
liste des dossiers des familles nobles classés
dans les archives ».[1] Cette complète absence de
documents s'explique par ce fait que, dès la
deuxième moitié du treizième siècle, les Assire
paraissent avoir quitté Lisieux pour s'établir à
Rouen, ou, du moins, dans le bailliage de
Rouen.[2]

Cependant on voit, en 1421, dans le bailliage
de Caen, dont il était « natif », un « pauvre
homme de labour, chargé de femmes et troys
petits enffans », auquel Henri V, roi d'Angleterre, octroie des lettres de rémission pour avoir
enlevé quatre brebis au préjudice de l'abbaye
de Saint-Étienne de Caen.

Dans les dites lettres, le gracié est cinq fois
désigné sous le nom de « Colin Asire », et une
seule fois sous celui d' « Assire ».[3] Il est donc

à l'ouest de Flandres, dans la comp. de Henri du Bois, chevalier
bachelier, sous Raoul d'Eu, connétable de France. (Cab. des titres,
n° 684, Du Fourny, *Gens darmes de l'hostel du Roy*, non pag.)

[1] *Preuves*, 94.

[2] *Preuves*, 3.

[3] *Preuves*, 76, 77.

plus présumable d'attribuer « Colin Asire » à une autre famille normande, du nom d' « Azire », de très ancienne bourgeoisie, possessionnée dans le diocèse de Bayeux en 1298 [1], et aux environs de Caen vers 1600, laquelle portait : *d'argent au chevron de sinople, accompagné en chef de deux croissants de même, et en pointe d'une tête de maure de sable, tortillée d'argent.* [2]

[1] En 1298, Gilles Azire donne à l'abb. de Fontenay une rente sur les biens tenus de lui par Raoul Azire, son neveu. (Léchaudé d'Anisy, *Arch. du Calv.*, t. I, p. 391.)

[2] Saint-Allais, *Répert. de la Nobl.*, ap. *Nobil. univ.*, t. III, part. II, p. 118.

ARMOIRIES

On conserve aux Archives Nationales, et au Cabinet des titres de la Bibliothèque Nationale, divers sceaux de Robert Assire, de qui j'étudierai dans un instant la vie de labeur administratif et de patriotique loyauté.

Je ne mentionne que pour mémoire le scel à l'écu fleurdelisé dont il munit une quittance du 28 décembre 1374, parce que ce n'était pas le sien propre, mais le « petit scel aus causes de la vicomté d'Auge », [1] dont il était alors vicomte.

Du 15 février 1365 au 13 juillet 1389, il munit ses actes d'un scel à ses armes, où les supports et le cimier varient, mais où l'écu est invariablement figuré : *de... à 3 hures de sanglier de..., au chef de sable* ; les hachures *de sable* sont parfaitement distinctes dans chacun de ces

---

[1] *Preuves*, 35. — Pl II, n⁰ 1.

sceaux, [1] et c'est une véritable curiosité héraldique que de constater que telles sont en effet les armoiries de la famille Assire : *d'argent à 3 hures de sanglier de sable, au chef du même.* [2] Telles elles sont figurées sur un vitrail de l'église paroissiale du Gros-Theil, où cette famille est depuis longtemps possessionnée.

Peut-être devrions-nous considérer comme des armes parlantes ces trois « hures de sanglier », qui peuvent faire allusion au droit de chasse, réservé exclusivement au seigneur, « au Sire » ? [3]

Les exemples de ces ingénieuses allégories héraldiques sont, comme on sait, innombrables.

[1] *Preuves*, 38-41, 47, 48, 52, 55, 56, 60, 62, 67, 69, 74. — Pl. II, num. 2, 3, 4.

[2] Rietstap, *Armorial général*. — Voy. aux *Preuves*, n° 95.

[3] Voy. la très curieuse étude de Mr H. Gourdon de Genouillac, membre hon. du Conseil Héraldique de France, *L'Église et la chasse.*

ÉTAT SOCIAL

La famille Assire doit-elle être rangée dans la Noblesse ou la Bourgeoisie normande?

En 1180, Guillaume Assire paraît avoir fait partie de la cour de l'Évêque de Lisieux, ce qui résulte de la condamnation dont il est parlé ci-dessus, et qui frappa en même temps un certain nombre de personnages que l'on peut sans témérité présumer seigneurs des fiefs dont ils portaient les noms.

Si ce n'est pas là pour Guillaume Assire une preuve de noblesse, au moins est-ce l'attestation d'une situation distinguée.

Cent vingt ans après, Odoard Assire est qualifié « écuyer, de la baillie de Rouen ». [1]

De 1359 à 1393, Robert Assire, haut fonctionnaire royal, ne prend aucune qualification nobiliaire.

[1] *Preuves*, 3.

Ses descendants sont « bourgeois de Rouen »,[1] y compris Gervais Assire, écuyer, sieur de Bihorel, conseiller du Roi et son lieutenant en la juridiction du taillon des gens de guerre, à Rouen, marié en 1585 à Isabeau Carrel.[2] Les descendants du dit Gervais sont simplement « bourgeois de Rouen ».

Égarés par les préjugés de notre temps, nous inclinons à poser en principe qu'au moyen âge la Noblesse et la Bourgeoisie formaient deux corps absolument distincts, étrangers l'un à l'autre, deux castes l'une à l'autre hostiles, exclusives comme toutes les castes.

La vérité, c'est qu'avant leur scission ces deux classes se recrutaient communément l'une dans l'autre ; et, pour étayer cette opinion, je ne saurais mieux faire que de reproduire ici ce que j'en ai déjà dit ailleurs.

« Des généalogistes se sont refusés à ranger dans la noblesse d'ancienne extraction certaines familles, parce qu'en remontant les degrés de leur filiation, ils y découvraient un bourgeois. D'autres ont justement émis l'opinion que,

---

[1] « Il est dans l'ordre constant des sociétés politiques que la classe qui jouit et commande, quand bien même ce serait au prix de son sang et de sa fortune, journellement sacrifiés pour l'État et pour le Prince, soit alimentée et remplacée, après un certain laps de temps, par celle qui obéit et travaille, et depuis sept cents ans l'histoire de la société française n'est que l'histoire de ce remplacement. » (Vᵗᵉ de Vaublanc, *La France au temps des Croisades*, t. I, p. 151.)

[2] *Preuves*, 93.

même sous le régime purement féodal, l'on pouvait être à la fois gentilhomme de race et bourgeois de ville ; « surtout sous le régime purement féodal », devaient-ils dire.

« La Noblesse se recrutait seulement par en bas ; la bourgeoisie, corps mixte, se recrutait par en bas et par en haut. Il n'y avait pas alors, entre ces deux corps sociaux, la distinction absolue, la division fomentée par l'appauvrissement de la Noblesse, accrue par les guerres de religion et poussée à l'aigu par la révolution. Avec la simple nomenclature des bourgeois des bonnes villes du xii⁰ au xv⁰ siècle, on ferait un splendide nobiliaire chevaleresque. »

Le plus souvent, lorsque, dans les chartes ou les annales, on rencontre de grands noms accompagnés de la qualification de bourgeois, la présomption vient à l'esprit qu'on se trouve en présence de roturiers ayant pris le nom de leur lieu d'origine ; le fait a certainement pu se produire ; mais en règle générale, ce sont des gentilshommes authentiques, volontairement agrégés à la bourgeoisie pour avoir le bénéfice de ses privilèges, qui constituaient réellement une sorte de noblesse urbaine.

Soit que le manoir paternel fût trop étroit par suite du grand nombre des enfants, soit qu'ils eussent plus de goût pour le séjour des villes, soit encore que les infirmités ne leur permissent pas ou que les blessures ne leur permissent plus d'aller à la guerre, maints bons gentilshommes, et des races les plus illustres, se faisaient bourgeois, recherchant les dignités échevinales ou consulaires, se livrant aux arts, au commerce, exerçant des métiers, et, dans la paix féconde des cités, devenant infiniment plus riches que leurs aînés, les chevaliers, forcément appauvris par les lourdes obligations du privilège de noblesse.

Je m'imagine que l'on eût grandement surpris ces nobles volontaires de la bourgeoisie en leur insinuant qu'ils dérogeaient à leur naissance, et qu'un jour viendrait où quelque héraldiste officiel la contesterait en arguant de leur embourgeoisement : tels, Hélie de Bourdeille, bourgeois de Begebelin (Terre-Sainte) en 1168 ; [1]

Pons de Chaponay, bourgeois de Lyon en 1219 [2] ;

David de Châteaubriand, bourgeois d'Angers en 1226 [3] ;

Eudes Chabot, bourgeois de Sens en 1227 [4] ;

Mathieu Barbotin, chevalier, bourgeois de l'Ile-Bouchard en 1230 et 1254 [5] ;

Robert des Loges, bourgeois de Chevreuse

---

[1] Pauli, *Cod. diplomat.*, t. I, n⁰ 45. – Voy. ma notice sur la maison de Bourdeille dans le *Nobil. des Croisades*, revue *La Terre-Sainte*, 15 juin 1887.

[2] *Cartul. de Champagne*, fol. 35 v⁰-37.

[3] *Coll. d'Anjou*, t. VI, n⁰ 2625.

[4] Dom Villevieille, *Trésor*, t. LXXXVIII, fol. 8 v⁰. — Gaignières, *Égl. et abb.*, t. I, p. 225.

[5] Clairambault, t. CMXCIX, fol. 22 v⁰. — *Marmoutier*, t. III, p. 17, 376.

en 1233, et seigneur suzerain de Jean de Fayel de Coucy[1];

Dreux et Simon d'Auteuil, frères, bourgeois de Bray en 1234, et plèges, avec deux chevaliers, de Simon d'Auteuil, chevalier[2];

Geoffroy de Roye, bourgeois de Péronne en 1235[3];

Gilon de Billy, charpentier, bourgeois de Soissons, vendant de ses terres vers 1240[4];

Nicolas de Blangy, bourgeois de Pont-l'Evêque, faisant en 1242 une donation aux moines de Saint-Himer par charte munie de son sceau[5];

Pierre de Marle, du lignage des sires de Coucy, bourgeois de la Fère en 1247, et l'un des proviseurs de la confrérie de cette ville[6];

Richard de Chambly, bourgeois de Pontoise en 1268[7];

Mathieu Buridan, bourgeois de Saint-Quentin en 1295[8];

Jehan de Vanves, « borgois de Paris » en 1300, dont le sceau porte un écu chargé d'une croix ancrée[9];

---

[1] *Cartul. de N.-D. de la Roche.* p. 17.

[2] *Pastoral de N.-D. de Paris*, fol. 11.

[3] Peigné-Delacourt, *Ourscamp*, p. 186.

[4] *Cartul. de St Médard*, fol 33.

[5] *Titres de St Himer*, p. 127.

[6] *Cartul. de St Crespin*, fol. 69 v⁰.

[7] L. Pannier, *Méry-sur-Oise et ses seigneurs*, p. 64.

[8] H. Bouchot, p. 126. — Colliette, t. II, p. 819.

[9] Arch. Nat., Layett. J. 377, n⁰ 23ᴷ.

Pierre de Hangest, chevalier, bailli de Rouen
et bourgeois de Montdidier en 1308 ;

Hugues, baron d'Arpajon, damoiseau, bourgeois d'Aurillac, et Esquivart, sire de Chaba-
nais, bourgeois de Bigorre, en 1317 [1] ;

Hélie de la Porte, bourgeois de Marmande
en 1334 [2] ;

Robert et Jacques du Castel, décédés l'un en
1336, l'autre en 1355, qualifiés dans leur commune épitaphe « Nobles et vénérables bourgeois de Rouen », et maires de cette ville [3] ;

Robert d'O, bourgeois de Séez en 1336 [4] ;

Quatre bourgeois de Saint-Omer, du nom de
Sainte-Aldegonde, en 1337, dont le sceau porte
l'écu de cette très noble maison chevaleresque [5] ;

Jacquemart de Sainte-Aldegonde, bourgeois
de Saint-Omer en 1366, et à qui Béatrix de Vix,
femme de Jehan de Sainte-Aldegonde, chevalier, fait une vendition [6] ;

Pierre et Tassart de Culant, bourgeois de
Saint-Omer et marchands de bois en 1356, dont
les sceaux portent un écu chargé d'une croix de
saint André [7] ;

[1] La Roque, *Traité de la nobl.*, p. 225, 226.

[2] *Pièc. orig.* doss. 52772, p. 2. — Vers 1089, Hélie de la Porte,
chevalier, est témoin d'une donation au prieuré de Saint-Denis de
la Chapelle, dioc. de Bourges. *(Ibid.,* p. 161.).

[3] Farin, t. III, p. 332.

[4] *Mém. de Bretagne*, fol. 100 v⁰.

[5] Demay, *Sceaux d'Artois*, n⁰ˢ 1218-1221.

[6] E. de Rosny, *Rech.*, t. III, p. 1323.

[7] Demay, *op.cit.*, n⁰ˢ 1286-1288.

Ponson Chevrières, bourgeois de Romans en 1389, ayant le même prénom et les mêmes armes que Pons de Chevrières, chevalier d'ancienne noblesse, vivant en 1366[1];

Pierre de Croÿ, élu d'Amiens en 1368[2], descendant très probablement de Jean de Croÿ, bourgeois d'Amiens, fils de Mathieu de Croÿ, et à qui en 1244 Dreux de Milly, chevalier, vendit tout ce qu'il avait dans le fief de messire Baudoin de Belleval, chevalier[8];

Jean de Grailly, chevalier, s'agrégeant vers 1360 à la bourgeoisie de Bordeaux, dont il devint maire[4];

Des Boubers (de la maison d'Abbeville, issue des comtes de Ponthieu), bourgeois d'Abbeville aux xive et xve siècles[5];

Jean de la Barre, bourgeois de Noyon, qui en 1407 donne une charte « soubz mon sel », où se voit un écu chevaleresque, penché, timbré d'un heaume à cimier, avec deux léopards en supports[6];

Perronet de Rogneins, bourgeois de Villefranche-sur-Saône, au xve siècle[7];

1 G. de Rivoire, add. mss. à son *Armorial de Dauphiné*.

2 Clairambault, t. CCCI, p. 38.

3 Dom Grenier, t. XXXIX, fol. 65.

4 La Roque, *op. cit.*, p. 226.

5 O. de Poli, *Un martyr de la patrie*, p. 153-156.

6 *Pièc. orig.*, t. 201, doss. 4431, p. 6.

7 Bibl. nat., *Invent. des tiltres de la ch. des comptes de Villefranche*, p. 124. — Le chartrier de Beauvoir renferme un certain

Enguerrand de Sainte-Marie, dit Fouloigne du nom de son fief, bourgeois et marchand de Caen en 1410 [1];

Guillaume de la Mare, bourgeois de Rouen, mort en 1440, et dont il est dit : « Le dict de la Mare bourgeoys estoit noble et portoit une bande et 6 croisettes [2] » ;

Guillaume de Châteauvilain, bourgeois de Paray en 1447 [3] ;

Guillaume du Bosc, qualifié « escuier, marchant et bourgeois de Rouen » dans un arrêt de l'échiquier de Normandie en 1478 [4].

« On trouve, dit dom Caffiaux, non sans une expression de surprise, des titres où les personnes dont la noblesse est bien constatée, après avoir pris la qualité d'écuyer ou de chevalier, ne prennent plus que celle de bourgeois [5]. »

C'est parce que, dans ce dernier cas, ils agissaient ou contractaient en vertu de leur privilège de bourgeoisie, qui non seulement n'était pas incompatible avec leur privilège de noblesse, mais leur conférait de droits particuliers.

Les coutumes de Champagne et de Brie « nous enseignent qu'il y avait deux sortes de bour-

---

nombre de chartes des Rognin ou Rognins, ancienne famille chevaleresque, paraissant être un ramage des sires de Laviou.

[1] *Quittances*, t. XLVI, p. 4350.
[2] Farin, t. III, p. 311.
[3] *Cartul. de Cluny*, t. II, fol. 189 v⁰.
[4] La Roque, *op. cit.*, p. 227.
[5] *Trésor généal.*, 1777, p. XXIX.

geois, les uns nobles, les autres non-nobles[1]. »
On peut en inférer qu'il en était de même dans
toutes les villes du royaume. C'est de ces
« bourgeois nobles » que parle clairement Froissart lorsque, narrant l'héroïque action d'Eus-
tache de Saint-Pierre et de ses compagnons, il
dit :

« Et vous jure que ce sont et estoient aujour-
d'huy les plus honorables de corps, de chevance
et d'ancesterie de la ville de Calays[2]. »

Plus clairement encore, lorsque, racontant le
siège de Rennes par le comte de Montfort, il
dit :

« Si s'accordèrent finablement tous à la paix,
et *les grants bourgoys*, qui estoient bien pour-
veus, ne s'y vouloient accorder : si mouteplia la
dissention, si dure que les grants bourgoys, *qui
estoient tous d'ung lignaige*, se trairent tous[3]... »

En 1708, au scandale du juge d'armes de la
noblesse de France, Louis XIV octroya à Benoît Caudron, avocat, échevin et bourgeois
d'Arras, des lettres de relief de dérogeance dans
lesquelles est relatée sa filiation sans lacune jusqu'à Baudoin Caudron, chevalier, vivant en
1096[4].

Tel bourgeois de Paris était même de sang
auguste et ne croyait pas avilir son blason royal

---

[1] La Roque, *op. cit.*, p. 147.
[2] Froissart, éd. Buchon, p. 270, l. I, part. 1, ch. 321.
[3] Page 130, l. I, part. 1, ch. 150.
[4] *Pièces orig.*, t. 621, Caudron, p. 4.

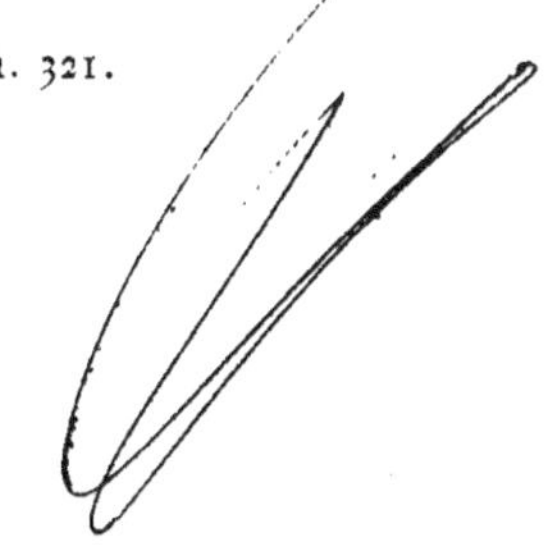

en faisant l'enseigne de son négoce, comme au
XVIe siècle, « Gérard de Castille, marchand
bourgeois à l'enseigne du *Château d'or*, rue aux
fers, descendant filiativement d'un fils de
Henri II, roi de Castille [1]. »

Plus loin, dans le même ouvrage [2], j'ai essayé
d'indiquer à quelle époque et comment, entre
deux classes intimement confondues et se recru-
tant incessamment l'une dans l'autre, la désa-
grégation avait pu se produire, engendrer la
scission, dégénérer en antagonisme de castes.

Nous touchons ici à l'une des plaies vives de
la Noblesse.

Déjà, vers la fin du règne de saint Louis, Hugues de Bercy « se plaignait de ce que la Noblesse de son temps quittât les villes pour aller
résider à la campagne [3]. » C'est que, ruinés par
les croisades, les gentilshommes souffraient
cruellement dans leur amour-propre à compa-
rer leur dénûment, fruit de l'héroïsme chevaleresque, à la richesse des bourgeois, fruit du labeur mercantile [4].

C'est là le germe de la scission, germe qui se

---

[1] *Dossier bleu* 4118, Castille, p. 3-15. — Voy. ci-après la fin
de la note 2 du n° 12 des *Preuves*.

[2] *Essai d'introd. à l'hist. généal.*, p. 77-106.

[3] Pasquier, *Rech. de la France*, titre II, ch. XVI ; cité par Michaud, *Hist. des Crois.*, t. VI, p. 245, note.

[4] En quelques années, Jacques Cœur acheta plus de vingt seigneuries ou châtellenies « dont la plupart appartenaient aupara-
vant aux plus anciennes familles du Royaume. » (P. Clément,
Jacques Cœur, t. II, p. 2.)

développe à mesure que s'augmente l'appauvrissement des Nobles, parachevé par la longue guerre contre les Anglais.

A la fin du xivᵉ siècle, non seulement les rangs de la Noblesse sont effroyablement décimés, mais la majeure partie de ses domaines sont passés aux mains des marchands ; de là, un sentiment d'amère envie, que trahit, par exemple, le Statut des tournois, de 1480, interdisant aux gentilshommes de prendre le droit de bourgeoisie dans une ville, sous peine d'être exclus des tournois, c'est-à-dire disqualifiés, à peu près dégradés de noblesse par leurs pairs. Toutefois le Statut n'excluait pas les nobles habitant les villes sans y avoir le droit de bourgeoisie.

C'était un antique adage que « le lieu n'anoblit pas l'homme, mais que l'homme anoblit le lieu » ; sans doute il n'avait pas empêché plus d'un non-noble, enrichi par le trafic, acquéreur de domaines plus ou moins considérables, de se faufiler dans les rangs de la Noblesse ; mais, à présent, en vertu de l'édit des francs-fiefs, ils étaient légalement envahis, et l'ancienne gentilhommerie recula devant le flot des nouveaux nobles, qui n'avaient pas, ceux-là, reçu le sacre de l'épée et ne devaient leur élévation sociale qu'au négoce.

Les mots de « bourgeoisie » et de « trafic », considérés dès lors comme synonymes, eurent à l'ouïe des anciens nobles appauvris une assonnance d'infériorité sociale ; longtemps ils affectèrent de ne vouloir pas être confondus avec les parvenus gras de leurs dépouilles, parés de leurs plumes, de leur titres, de leurs honneurs, parfois même de leurs noms ; désertant les cités, où leur orgueil souffrait, où leur maigre revenu n'était plus en rapport avec la cherté de la vie, ils se confinèrent dans les lambeaux de fief qu'ils avaient pu sauver du désastre ; puis les guerres de religion, pendant lesquelles les cités étaient généralement catholiques et les vieux nobles généralement huguenots, achevèrent d'aigrir les esprits et de creuser le fossé. Le vocable de « bourgeois » prit le sens exclusif de « roturier » ; puis les généalogistes royaux achevèrent officiellement la scission.

Il semblait, au xvie siècle, que l'on ne pût être gentilhomme qu'à la condition de vivre hors des villes.

Pasquier dit expressément que « ceulz qui veullent estre estimez nobles à bonnes enseignes, laissent les villes pour choisir leur demeure aux champs ; tant à l'occasion que la plus grande partye des fiefz y sont assis, dont la possession est seulement permise sans réserve aux Nobles, que pour se garantir de l'opinion qu'on auroit qu'ils traficquassent dans les villes, chose qui obscurciroit leur noblesse ; et, à vray dire, la vie qui approche le plus près de la militaire en tems de paix est la champestre [1]. »

---

[1] Pasquier, *Recherches*, liv. II, ch. xv. — La Roque, *Traité de la Nobl.*, p. 233.

Plus d'un gentilhomme, et non des moins qualifiés, se prenait à déplorer les résultats de cette retraite générale des Nobles, résultats dont leur fierté ne s'accommodait pas sans un regain d'amertume.

« Ha ! Noblesse, lamentait l'illustre Blaise de Montluc, tu t'es faict grand tort et dommage de desdaigner les charges des villes ; car refusant les charges, ou les laissant prendre par les gens des villes, ceux-cy s'emparent de l'autorité, et quand nous arrivons, il faut les bonneter et leur faire la cour. Ç'a esté un maulvais avys à ceux qui en sont premièrement cause. »

La retraite volontaire des Nobles eut pour effet de faire de la bourgeoisie un corps homogène. Ce fut alors que les petits bourgeois, à l'exemple des grands, voulurent avoir des armoiries ; car la vanité se rencontre à tous les degrés de l'humanité.

Ménage, outré de cette usurpation générale, disait qu'avant vingt ans il n'y aurait pas d'enseigne de boutique qui ne se changeât en blason ; il est vrai que telle enseigne de boutique comme le *Château d'or* de Gérard de Castille, avait pu commencer par être un noble blason et, par ainsi, ne faisait que retourner à sa condition première.

La mesure purement fiscale, prescrite par Louis XIV, de l'enregistrement des armoiries transforma l'usurpation en un droit qu'acheva de consacrer l'ordonnance royale de 1760, dans laquelle il est dit par Louis XV que, « suivant un usage qui a prévalu, le port des armoiries n'est pas borné à la seule Noblesse. »

De 1696 à 1704, environ trente mille bourgeois firent enregistrer les leurs[1] ; à ceux qu'un sentiment de modestie empreinte de dignité détermina à s'abstenir, le juge d'armes en impartit d'office ; Molière eût eu beau jeu pour mettre à la scène *Le blasonné malgré lui*.

Peut-être ce blasonnement en masse de la nation, en même temps qu'il servait à combler les vides du trésor, rentrait-il dans le plan royal d'égalisation dans les hauteurs, d'élévation progressive, de fusion des classes. La Noblesse, il faut le dire, n'y vit généralement qu'une injustifiable usurpation, sanctionnée par un abus de la puissance souveraine, et ce fut pour elle un nouveau motif de cette antipathie contre les bourgeois, qu'elle ne perdait pas l'occasion de manifester dans l'exercice des droits qui lui restaient[2] ; antipathie dont l'expression se retrouve presque à chaque page dans les mémoires du duc de Saint-Simon et d'autres gentilshommes.

Les travers des parvenus, des nouveaux fieffés, sont le thème ordinaire des sarcasmes de la rancune aristocratique ; leur esprit d'économie,

---

[1] Un « ouvrier en soye » de Saint-Chamond, Jean Jacquier, fit enregistrer ses armoiries, *de gueules 3 croissans d'argent. (Armor. général*, LYON, p. 460.)

[2] Notamment aux Etats de 1614. — Cf. A. du Buisson de Courson, *Rech. nobil.*, p. 139, note 1.

souvent poussée jusqu'à la parcimonie et « fleurant la boutique », contrastait singulièrement avec l'esprit de largesse, poussée jusqu'à la prodigalité, de l'ancienne Noblesse.

Je m'imagine que les peuples durent plus d'une fois regretter leurs anciens maîtres, surtout lorsque « le nouveau seigneur du village » était de l'acabit de ce marchand enrichi qui, pour don de joyeux avènement, ne trouva rien de mieux que de rosser ses vassaux[1], dont il lui en cuit.

Le type de la vieille bourgeoisie française, disparue presque autant que l'antique chevalerie, je le reconnais dans ce bourgeois de Châlons, Claude Bussillet, « huict foys eschevin, une foys maire, troys foys juge des marchants et l'un des aumosniers publics de la ville », et surtout dans sa superbe devise, que l'on croirait contemporaine de la bourgeoisie des temps féodaux, si son épitaphe ne nous faisait connaître qu'il vécut au seizième siècle : *L'honneur ou rien*[2] !

Mais concluons en ce qui concerne la famille Assire : elle est sans contredit une de celles qui, dans la période féodale, cumulèrent le privilège

[1] Papon, p. 779.

[2] Clairambault, t. CMXLIII, p. 172. — Dans sa magistrale étude sur l'Ordre du Saint-Sépulcre, Mr Alphonse Couret, ancien magistrat, membre honoraire du Conseil Héraldique de France, a donné l'épitaphe et le blason de Claude Bussillet, époux de Reine Jacot. (Voy. la revue *La Terre Sainte*, nᵒ 285, 15 mai 1887, p. 926.)

de noblesse et le privilège de bourgeoisie. Agré·
gée dès le xive siècle à la grande bourgeoisie de
Rouen, elle finit, comme tant d'autres familles,
par s'y confiner, lorsque s'accentua la scission
sociale, mais en conservant le blason de ses
aïeux.

JEAN ASSIRE

Dans l'église du Mont-Saint-Michel, « près
de l'autel Saint Sauveur et en face de celui de la
Trinité, se trouve la liste des 119 qui, en 1423,
défendirent la sainte montagne. Ces noms rap-
pellent assurément le plus glorieux fait d'armes
de toute la Normandie. Gloire donc, honneur
et respect à ceux qui là sont inscrits ! Heureuses
les familles qui, dans leur généalogie, peuvent
montrer un de ces braves, et redire bien haut
aux âges présents et futurs : — Nous comptons
parmi nos aïeux un de ces héros, qui jamais ne
se soumit à l'Anglais, mais défendit glorieuse-
ment le sanctuaire de l'Ange qui sauva la Patrie ! »[1]

C'est bien pensé et bien dit ! La patriotique
reconnaissance des moines du Mont-Saint-Michel eut à cœur de perpétuer la mémoire des
noms et armes des héros, et, dans leur triom-

[1] L'Abbé E.-A. Pigeon, *Descr. du M^t-St-M.*, p. 72.

phale église, sous cet armorial épique, ils mirent
cette inscription fameuse, très certainement éla-
borée par un des religieux témoins de la « che-
valeureuse » bravoure des volontaires de saint
Michel, et plus tard « extraicte fidellement d'une
vielle panquarte en parchemin conservée dans
le thrésor des chartes de l'abbaye, revêtue de
son sceau et d'une dixaine de signatures, et
communiquée par Mr de Clinchamp en copie
légalisée, faite en 1661. »[1]

> Le champ darmes ici fut faict
> L'an mil IIII^cc. vingt et sept
> Ou sont les armes et les noms
> Daulcuns vaillans et nobles homs
> Lesquelz ont en lobbeissance
> De Charles present roy de France
> Iusques cy tenu ceste place
> Par layde de Dieu et la grace
> Et de monseigneur sainct Michiel
> Prince des chevalliers du Ciel
> Qui a tousjours remede quys
> A ceulx qui lont ceans requis
> Par tout le temps de ceste guerre
> Iacoit que par mer et par terre
> La dicte place ayt este ceincte
> Grevee et durement contraincte
> Par touttes manieres et voyes
> Quont peu adviser les Angloys.
> Lan dix et sept feut leur descence
> En Normandye comme je pense.

[1] Éd. le Héricher, *Mont-St-M. monum. et hist.*, p. 195.

Et na pas prins garde le maistre
Mectre chascung ou il doibt estre,
Chacung a mys en tel endroict
Comme on luy ramentevoit
Touz ny ont pas esté dung temps
Et tieulx ne sont pas cy dedens
Qui sy porterent vaillamment.
Dieu leur doint a touz saulvement.
Amen ! [1]

Le temps a malheureusement détruit presque tous les blasons des héros du Mont-Saint-Michel, et si leurs noms glorieux entre tous n'ont pas également sombré dans le gouffre des âges, c'est grâce à la « vielle panquarte ». Encore s'en faut-il de beaucoup qu'elle soit exacte, et l'estropiation de plus d'un nom a jusqu'à ce jour privé telle famille normande d'un incomparable honneur. Telle la maison de Vaussemer[2], dont le vieux nom chevaleresque, erronément incorporé à celui d'Yves Prieur, a été défiguré en « Vaugedemer » et même « Vague de mer. »[3] La typographie commet aussi de ces dénaturations, singulièrement cruelles lorsqu'elles ont pour effet de dépouiller une race

[1] Fulg. Girard, *Hist. du M*t*-S*t*-M.*, p. 225: — Mgr Deschamps du Manoir, *Hist. du M*t*-S*t*-M.*, p. 148. — Ed. le Héricher, *loc. cit.* — P. Féval, *Merv. du M*t*-S*t*-M.*, p. 274.

[2] Vaussemer, auj. Valsemé, comm. de l'arr. de Pont-l'Évêque (Calvados). — Voy. *Les seign. de la Rivière-Bourdet*, par O. de Poli, p. 11-13.

[3] *Preuves*, 97, 98.

d'une part de son patrimoine d'honneur : telle, la substitution typographique du nom d' « Assore » au nom d' « Assire », dans une montre de chevaliers et d'écuyers normands des années 1301 et 1302 ; mis en éveil par la ressemblance des deux noms, je voulus remonter à la source : le texte authentique, comme je m'en doutais, porte « Assire ».[1]

J'avais mis l'explicit à la présente étude, lorsque la *Revue du Monde Catholique*[2] voulut bien me demander quelques pages sur la vie et les œuvres de Paul Féval, de qui j'avais eu l'honneur d'être l'ami très aimé. Avant de rendre ce suprême hommage au grand écrivain catholique, et pour me pénétrer intimement de sa pensée, je relus tout ce qu'il avait publié depuis sa conversion. Dans son beau livre des *Merveilles du Mont-Saint-Michel* je trouvai la liste des héros de 1423, et j'y remarquai bien des noms normands avec lesquels venaient de me familiariser mes recherches sur Robert Assire : Estouteville, Harcourt, Tournebu, aux Espaules, Auber, et bien d'autres plus ou moins défigurés : Paynel (des Pesnaux), du Merle (de Mesle), Creully (Cruslé), Pigache (Pigace), Clinchamp (Clympchand), la Mare (la Maure), Néel (Nel), Vaussemer (Vaguedemer), le Prestrel (de Prestel), etc. — Mais, entre tous, un nom fixa mon

---

[1] Voy. *Preuves*, 3, note.

[2] N^os de mai et juin 1887.

attention : « L. Massire », et j'eus le même pressentiment que lorsque j'avais rencontré le nom d' « Assore » : que je me trouvais en présence d'une dénaturation du nom d'Assire. Alors je creusai la question. Je m'assurai tout d'abord que nulle part il n'existe de traces d'une famille Massire, ni dans les rôles de l'Échiquier, ni dans les archives du Calvados, ni dans les montres normandes, ni dans l'*Armorial général*, ni dans les collections du Cabinet des Titres ; cette recherche fut extraordinairement longue, mais j'avais le devoir de l'approfondir pour ne risquer pas de frustrer les « Massire » d'une gloire non pareille. Conforté dans ma présomption, je compulsai les auteurs qui ont donné la liste des défenseurs du Mont-Saint-Michel.

« L. Massire ou Masire », disent les uns, en se référant à la liste de Dom Huynes[1] ; « J. Massire ou Masire », disent les autres, en invoquant la liste du docteur Cousin, curé de Saint-Gervais d'Avranches, « qui avait été en relation avec les plus savants religieux du Mont-Saint-Michel[2]. »

Ceux-ci, s'autorisant aussi de la liste de Dom Huynes, nomment notre héros « Jean Malsire », et Mr de Saint-Allais, qui a cela de particulier qu'il prodigue la particule, « Jean de Malsire[3] ».

---

[1] *Preuves*, 99, 103, 104.
[2] *Preuves*, 100.
[3] *Preuves*, 101, 102, 98.

Nouvelle recherche sur ce nom de bonne apparence, Malsire, Mausire, Maussire, *Malus Dominus*, radicalement introuvable sous toutes ses formes possibles. — Alors je consultai les deux manuscrits de Dom Huynes : l'un et l'autre portent : « L. MASCIRE OU MASIRE[1] ». Et me voilà plus ancré que jamais dans ma présomption, puisque je retrouvais ici la forme la plus ancienne du nom d' « Ascire[2] ».

Ce fut par Dom Huynes que j'appris que la liste des défenseurs, ruinée par le temps, avait été rétablie par les religieux du Mont-Saint-Michel, dans leur église, en 1630, « suivant l'ordre trouvé dans les archives de cette abbaye. » Il pouvait donc y avoir eu des erreurs de lecture, et cette hypothèse acquiert un caractère de certitude de ce fait que, dès 1631, Gabriel du Moulin, curé de Menneval, publiait une liste qui n'est pas sans des points de dissemblance avec celle qui fut envoyée à Dom Huynes vers 1680. C'est ainsi que Du Moulin nomme, non plus « L. Mascire ou Masire », mais bien le Sr JEAN MASSIRE[3] ».

Etant donnée la certitude de l'inexistence du nom de Massire, Masire, Malsire, etc., et de l'e xistenceen Normandie d'une très ancienne famille du nom d'Assire, vouée à la noble profession des armes dès la première année du

---

[1] *Preuves*, 105.

[2] *Preuves*, 1.

[3] *Preuves*, 96.

xive siècle[1], je conclus que « Mascire » est une erreur de lecture sur la liste originelle peinte dans l'église de l'abbaye ; erreur procédant plus que probablement de l'état fruste du prénom, sur lequel ne sont pas d'accord les deux listes précitées de 1631 et 1680. Celle de G. du Moulin, la première en date, est indubitablement plus exacte, du moins en ce qui concerne « Jean Assire », car nous avons la conviction que c'est ainsi que l'inscription doit être rectifiée. Le prénom de « IEHAN », fruste dans ses trois ou quatre premières lettres, suffit à expliquer l'erreur en question ; l'I initial, encore apparent, aura été pris pour un L ; le jambage de l'A et l'N final ont pu tromper le regard et figurer un M ; ou, mieux encore, peut-être le prénom de Jean était-il tracé sous la forme archaïque de « IOHAM », qui s'employait comme *Bertram* pour Bertran, *Tristram* pour Tristan, et le lecteur, dérouté par l'absence des premières lettres du prénom, en aura pris la lettre finale pour l'initiale du nom de famille.

Puis-je espérer que les érudits du « pays de sapience » adopteront mes conclusions ? Je les livre très humblement à leur critique, heureux si ma conviction devient la leur et si j'ai la fortune de restituer sa gloire à un petit fils de Robert Assire.

[1] *Preuves*, 3, 6, 69.

GÉNÉALOGIE

De Guillaume Assire, vivant en 1180,[1] est présumé issu au ive ou v[e] degré, Odoard Assire, par qui nous commencerons l'essai de filiation.

I. — Odoard Assire, écuyer, du bailliage de Rouen, était au service du Roi, à l'ost de Flandres, en 1301 et 1302,[2] et, par suite, fut très probablement à la désastreuse bataille de Courtrai, brillamment compensée par la victoire de Mons-en-Puelle, en 1304. — Il est présumé père du suivant.

II. — Jean Assire, écuyer de Richard de Vire, chevalier, en 1355,[3] est présumé père de Robert, qui suit.

---

[1] *Preuves*, 1.

[2] *Preuves*, 3.

[3] Il est appelé, dans la montre de Richard de Vire, « Jehan Assistre ». *(Preuves, 6.)* Il me paraît hors de doute que c'est par suite d'une distraction du scribe militaire. Richard de Vire était très probablement normand, ce qui suffirait à expliquer la présence d'un Assire dans sa comp. d'écuyers. Quant au nom d' « Assistre », il ne se rencontre nulle part, et je n'hésite pas à y voir

III. — Robert Assire, né vers 1328, fut successivement : de 1359 à 1369, vicomte de Falaise et l'un des deux élus du Roi pour la recette des aides de guerre dans le diocèse de Séez ; de 1370 à 1376, vicomte d'Auge et de Pont-Authou et élu des aides de guerre dans le diocèse de Lisieux ; de 1377 à 1389, maître et enquêteur des eaux et forêts du duché de Normandie, conseiller du Roi, trésorier de France. A diverses reprises, en 1371, 1378, 1379 et 1384, il fut chargé de commissions importantes par Charles V et Charles VI ;[1] en 1374, conjointement avec Jean le Mercier, il eut l'honneur d'être envoyé à la Cour de Bretagne par le premier de ces princes, « pour certaines et grosses besoignes touchant nostre honour et profit ».[2] Il décéda à Rouen en 1393 et fut inhumé dans l'église des Cordeliers.[3] Il avait épousé N..., vivante en 1369 et possédant une rente de six livres tournois[4] assise à Brionne et Vitotel, localités très peu distantes du Gros-Theil où la famille Assire a encore des biens patrimoniaux.

une de ces défigurations de nom si communes autrefois. — Notons que l'on écrivait autrefois « pristrent » pour « prirent », « distrent » pour « dirent », « assistrent » pour « assirent » : « Li Philistins pristrent l'arche Deu... et assistrent là el temple... » (*Le livre des Rays*, cité par le Vte de Vaublanc, *La France au temps des Crois.*, t. III, p. 12.) — «... puis sen retornerent as barons et leur distrent la vérité... » (*L'Estoire de Eracles empereur*, l. V, c. xv.)

[1] *Preuves*, 29, 30, 42, 43, 45, 49, 50, 57, 66.

[2] *Preuves*, 34.

[3] *Preuves*, 75.

[4] Env. 265 fr. de notre monnaie.

De la dite alliance naquit un fils, qui suit.

IV. — Benoit Assire, mineur en 1369, figure en 1387 dans la montre de trente compagnons arbalétriers à cheval commandés par un valeureux capitaine d'une illustre race génoise, Alberto Spinola ; la dite montre reçue au clos des galées de Rouen, le 15 juillet. [1]

Benoît Assire est présumé père de Jean II, qui suit.

V. — Jean Assire, IIe du nom, fut un des héroïques chevaliers et écuyers normands qui, en 1423, défendirent victorieusement contre les Anglais le Mont-Saint-Michel. [2] Il est présumé aïeul de :

1º Guillaume II, qui suit.

2º Thomas Assire, en 1485 archer de la compagnie de cent vingt lances fournies établie par le roi Charles VIII en son duché de Normandie, et dans laquelle servent aussi comme archers Robinet de Brissac, Méry de Faverolles, Guillaume de Villeneuve, Guillaume de Hotot, Jean du Long de la Heuze, Christophe de Bailleul, Guyon de Coëtlogon, Gilles de Marguerye, Raoul d'Estampes, Jean de Vernon, René et Simon de Longuemare, [3] Gabriel de

---

[1] *Preuves*, 69. — Ici le scribe militaire a francisé bravement à sa façon le nom d'Alberto Spinola ; il l'appelle « Albert de Lespine ».

[2] Voy. ci-dessus le chap. intitulé Jean Assire, et *Preuves*, 96-105.

[3] Voy. l'*Ann. de la Nobl.*, par Borel d'Hauterive, 1887, p. 166.

Luxembourg, Robinet de Lourmel, Jean d'Étrépagny, Mahiet de la Vove, Pierre Fanneau,[1]
Denisot de Méhérenc, Balthazar de Corday, Richard de Bourbon, Gilles de la Luzerne, Jean
d'Herbouville, Pierre et Germain de Manneville, Marguerin de Pons, et nombre d'autres
gentilshommes de Normandie et de Bretagne.[2]

VII. — GUILLAUME ASSIRE, IIe du nom, sieur
d'Eauplet, en Blosseville-Bonsecours, près
Rouen, bourgeois de cette ville en la paroisse
Saint-Herbland, et syndic des marchands de
place unis, épousa en 1480 Anne Crevel,[3] dont
un fils, qui suit.

VIII. — Honorable homme VIVIEN ASSIRE,
sieur d'Eauplet, bourgeois de Rouen, épousa,
par contrat passé devant les tabellions de Darnetal le 20 mai 1520, Guillemette le Cavelier,[4]
dont un fils, qui suit.

IX. — Honorable homme GUILLAUME ASSIRE,
IIIe du nom, sieur de Bihorel, au Bois-
Guillaume, près Rouen, conseiller du Roi en
la Connétablie de France à Rouen, épousa en
1551 Marguerite le Turgis,[5] dont il eut :

---

[1] Voy. sur cette famille l'*Ann. de la Nobl.*, t. XLII, p. 157 ;
elle a produit, entre autres officiers de mérite, le général Fanneau
de la Horie, parrain de Victor Hugo et qui fut fusillé, le 29 octobre 1812, avec son célèbre ami le général de Malet.

[2] *Preuves*, 79. Il est appelé « Thomas Ausire ».

[3] *Preuves*, 78, 93.

[4] *Preuves*, 80, 93.

[5] *Preuves*, 81, 92. — J. Turgis était marchand bourgeois de
Rouen en 1514. (*Pièc. orig.*, doss. 64384, n° 2.)

1º Gervais, qui suit.

2º Marguerin Assire, vivant en 1602. [1]

3º Geoffroy Assire, bourgeois de Rouen, décédé avant le 21 février 1602 ; il possédait en la paroisse de Saint-Denis-du-Bosguerard [2] une terre qu'il fieffa à Jean Toustain. — Il épousa N..., dont il eut :

> *a.* Honorable homme Jean Assire, bourgeois de Rouen, y demeurant en la paroisse Saint-Maclou. Le 21 février 1602, il fieffa de rechef à Richard, fils du dit Jean Toustain, la terre susdite, dont Marguerin Assire, son oncle, possédait une portion, et qui était tenue de la seigneurie de Houlbec. [3]

4º Jacqueline Assire, mariée à N... Piquefeu. procureur au parlement de Rouen. [4]

X. — Gervais Assire, écuyer, sieur de Bihorel, conseiller du Roi et son lieutenant en la juridiction du taillon des gens de guerre à Rouen, et y habitant la paroisse de Notre-Dame-de-la-Ronde, épousa en 1585 Isabeau Carrel, [5] dont un fils, qui suit.

---

[1] *Preuves*, 83.

[2] Auj. Bosguérard-de-Marcouville, comm. du canton de Bourgtheroulde, arr. de Pont-Audemer (Eure), à 6 kil. N. du Gros-Theil.

[3] *Preuves*, 83. — Houlbec s'appelle auj. Houlbec-près-le-Gros-Theil, comm. du canton d'Amfreville-la-Campagne, arr. de Louviers (Eure).

[4] *Preuves*, 93.

[5] *Preuves*, 82, 93.

XI. — Marguerin Assire, IIe du nom, demeurant en la paroisse de la Haye-du-Theil, près le Gros-Theil, épousa en 1630 Barbe le Sage, fille d'honorable homme Jean le Sage, de la paroisse du Thuit-Anger.[1] — Il décéda avant le 9 février 1667,[2] laissant un fils, qui suit.

XII. — Honorable homme Marguerin Assire, IIIe du nom, de la paroisse de la Haye-du-Theil, épousa, du consentement de sa mère, par contrat du 9 février 1667, honnête fille Barbe le Sage,[3] fille de feu Nicolas le Sage et de Marie le Noble.[4] — Il décéda avant le 29 janvier 1691, laissant un fils, qui suit.

XIII. — Honorable homme maître Pierre Assire, né en 1669, notaire juré à Elbeuf pour le siège du Theil, épousa, du consentement de sa mère, par contrat du 29 janvier 1691, à la Haye-du-Theil, honnête fille Françoise Rogerey, fille de feu Philippe Rogerey et de Françoise de Morainville.[5] — Il décéda avant le 30 juillet 1722, laissant un fils, qui suit.

XIV. — Honorable homme Jean-Pierre Assire, IIe du nom, né en 1701, habitant la pa-

---

[1] Comm. du cant. d'Amfreville-la-Campagne, peu distante du Gros-Theil.

[2] *Preuves*, 84, 85, 93.

[3] C'est le seul exemple que j'aie rencontré d'un fils ayant le même prénom que son père et épousant une fille qui a les mêmes nom et prénom que sa mère à lui. Sans le contrat susvisé, on serait tenté de croire à une confusion.

[4] *Preuves*, 85, 93.

[5] *Preuves*, 86, 93.

roisse du Gros-Theil, épousa, par contrat du 30 juillet 1722, honorable femme Anne Querville, fille de feu Nicolas et de Renée Sevaistre, et veuve de N... Ansoult. [1] — Il décéda en 1781, laissant de la dite alliance un fils, qui suit.

XVI. — Jean-PIERRE ASSIRE, IIIe du nom, député du Tiers État à l'assemblée provinciale en 1788, puis juge-de-paix, fut marié, par contrat du 12 septembre 1758, à Marie-Catherine Querville (fille de Jean Querville, officier aux monnaies de Normandie, et de Marie Querville), veuve en premières noces de Nicolas-Martin le Sage, bourgeois de Rouen. [2]

De cette alliance naquirent :

1° Jean-Pierre Assire, décédé à l'âge de 17 ans, inhumé dans l'église du Gros-Theil.

2° Gabriel-Amand Assire, marié le 5 mai 1791, à Julie Amelot [3], dont deux filles, desquelles une fut mariée à N... Boursier de Champigny, ancien officier.

3° Pierre-Philippe Assire, décédé sans alliance.

4° Messire Nicolas-Baptiste Assire, prêtre, curé du Gros-Theil, qui émigra en 1791.

5° Louis-*Edmond*, qui suit.

XVI. — Louis-EDMOND ASSIRE, né en 1765, membre du Conseil général du département de l'Eure, décédé au Gros-Theil en 1836, fut ma-

---

[1] *Preuves*, 87, 93.

[2] *Preuves*, 88, 93.

[3] *Preuves*, 89.

rié, à Saint-Eloy-de-Fourques, par contrat du 7 novembre 1792, à Marie-Geneviève-Dorothée Lambert, fille de Jean-Baptiste et de Marie-Marguerite Loiseleur. [1]

De cette alliance naquirent :

1° Pierre-*Edmond*, qui suit.

2° Louis-Amand Assire, marié à Prudence-Adélaïde le Reffait, dont une fille :

> Céline Assire, vivante sans alliance en 1844. [2]

XVII. — Pierre-EDMOND-ASSIRE, IIe du nom, né en 1793 à Saint-Georges-du-Theil, maire du Gros-Theil, fut marié, au Neubourg, par contrat du 2 octobre 1813, à Marie-Aline Clavier, fille de Pierre-Etienne-François, maître en chirurgie, et de Marie-Barbe Selle. [3]

De cette alliance naquit un fils, qui suit.

XVIII. — Gustave-EDMOND ASSIRE, IIIe du nom, propriétaire, domicilié à Rouen, y fut marié, par contrat du 15 juillet 1844, à Clémence le Verdier, fille de Pierre-Jean le Verdier, maire de Belmesnil, et d'Euphrosine-Madeleine-Prudence Lepape, demeurant en leur château de Belmesnil, arrondissement de Dieppe. [4]

De cette alliance naquit un fils, qui suit.

XIX. — Pierre-EDMOND ASSIRE, IVe du nom, propriétaire, vivant à Rouen sans alliance.

---

[1] *Preuves*, 90, 93.

[2] *Preuves*, 91.

[3] *Preuves*, 91, 93.

[4] *Preuves*, 92, 93.

ROBERT ASSIRE

I

Robert Assire vit le jour dans un temps de gloire et d'allégresse nationale ; Philippe de Valois venait de se faire couronner dans la basilique de Reims avec un merveilleux déploiement de splendeurs, « et tant qu'il n'estoit mémoire de homme qui oncques tel eust veu ». [1] Les acclamations des peuples duraient encore, lorsque se répandit la nouvelle de l'éclatante victoire de Cassel.

Philippe VI revint en France couronné de lauriers, au bruit des vivats enthousiastes, des carillons de fête, du *Te Deum* de la patrie. Il alla d'abord déposer l'oriflamme sur l'autel de Saint-Denis ; puis il s'achemina vers Notre-Dame, « et quant il fu là, il se fist armer des armes qu'il avoit portées en la bataille des Flamens, et puis monta sur un destrier, et ainsy entra en l'églyse de Nostre Dame de Paris, et très dévo-

[1] P.Paris, *Les Grandes Chroniques.*

tement la mercia, et luy présenta le dit cheval
où il estoit monté et toutes ses armeures. »

Cette victoire, que le Dieu de saint Louis oc-
troyait à la France de Philippe de Valois comme
un don de joyeux avènement, la fit tressaillir
d'une pieuse reconnaissance, d'un patriotique
orgueil, d'un confortant espoir. L'avenir appa-
raissait sous les couleurs les plus riantes, alors
que l'on entrait dans un règne plein de désastres, où les lamentables journées de l'Écluse et
de Crécy devaient inaugurer un formidable duel
de cent ans entre la France et l'Angleterre.

Lorsque Philippe mourut, en 1350, il laissa
le royaume dans un état affreux de désolation,
non qu'il eût manqué de courage, de volonté,
de prévoyance, mais parce que son génie n'avait
pas été égal aux conjonctures ; il eut été un ci-
toyen honnête ou un chevalier vaillant ; il fut à
peine Roi. L'Etat, en ses mains, déclina par
une pente rapide. « L'Histoire croit voir sur
cette figure de roi je ne sais quoi de triste, sem-
blable à une résignation désespérée. » [1] C'est que,
sentant le péril de la patrie, il se sentait impuis-
sant à le conjurer. Pourtant, le vieil esprit de
sacrifice n'était pas mort en France ; la chevalerie était dans sa gloire, et l'honneur des armes,
porté à son plus haut point de susceptibilité ;
toute la force féodale s'était dirigée vers la
guerre, et la bourgeoisie rivalisait d'ardeur avec

---

[1] Laurentie, *Hist. de France*, éd. in-12, t. II, p. 586.

la noblesse aux grands coups de lance, aux for-
tes joutes, dans les tournois et dans les batailles.[1]
Les éléments de vitalité, de restauration nationale abondaient encore, mais la fatalité ne permit pas de les utiliser. C'est une vérité de tous
les temps que « la politique n'est pas la force,
mais l'emploi de la force. »

Jean II avait quarante ans, lorsque la mort de
son père le fit roi. Il avait passé brillamment
par l'épreuve des batailles, et s'était fait noblement connaître des peuples. Ils se reprirent à
espérer un règne de gloire, mais tout fléchissait,
et la ruine ne fit que se précipiter.

La jeunesse de Robert Assire n'eut devant elle,
sous le ciel de la patrie, que des tristesses, des
brisements, des catastrophes. Il avait vingt-huit
ans, lorsque la fatale journée de Crécy remplit
la France de deuil et mit dans son âme une an-
goisse effroyable : car la vie de la nation était en
péril. Dans tout le royaume, et singulièrement
dans le duché de Normandie où l'odieux Charles de Navarre avait une funeste puissance, les
peuples, attérés, épuisés, déchirés, pour comble
d'infortune, par des factions acharnées, respi-
raient à peine dans les courts instants de trêve,
où la paix même était encore une espèce de
guerre.

En 1359, le roi de France était captif à Londres, et le traité que l'Angleterre prétendait im-

---

[1] O. de Poli, *Essai d'Introd. à l'hist. généal.*, p. 86-89.

poser à son prisonnier, était en quelque sorte l'anéantissement de la patrie française. Tous les anciens domaines que les rois anglais y avaient possédés à titre de fiefs, étaient reconnus comme domaines propres d'Édouard III, sans nulle obligation d'hommage. Ainsi une royauté était constituée en France en dehors de la royauté française. La Normandie, la Guyenne, le Poitou, la Touraine, l'Anjou, le Maine, cet immense fief de Richard Ier, accru, d'une part, de l'Agénois, du Quercy, de la Gascogne, de la Saintonge, de l'Angoumois, du Limousin, du Périgord, du diocèse de Tarbes, des comtés de Bigorre et de Grave, c'est-à-dire de tout ce que le roi Jean possédait avant la bataille de Poitiers, et, d'autre part, de Calais, des comtés de Boulogne et de Guines, du comté de Ponthieu et de la vicomté de Montreuil, — conquêtes plus récentes, fruits des derniers désastres du royaume, — toute cette portion la plus considérable, la plus riche et la plus féconde de la France passait au pouvoir du roi d'Angleterre. « Et, oultre, vouloit avoir quatre millions d'escus. »[1] A ce prix, Édouard III voulait bien renoncer à son prétendu droit sur la couronne de France.

Les États généraux, convoqués à Paris par le Régent, s'écrièrent que cet ignominieux traité n'était « ny passable, ny faisable », et demandèrent d'une seule voix qu'il fût fait bonne guerre aux Anglais.

[1] *Grandes Chroniques.*

La guerre fut donc résolue ; les Etats votèrent
des subsides ; le patriotisme enflammait tous les
cœurs ; il n'y eut jusqu'au perfide roi de Navarre
qui ne promît de « faire bien besogne contre les
Angloys » ; mais les sages se défiaient de ses
belles promesses, disant qu'il « faisoit tout ce
que il faisoit par cautèle et malice, pour décevoir
le dit Régent et le peuple, et que il ne feroit jà
bien de sa vie. »

Il fallait un grand courage, un ardent patriotisme pour rechercher, dans ces graves conjonctures, le périlleux honneur des fonctions publiques ;
que la France fût encore vaincue, c'était se vouer
à la ruine, à la proscription, et peut-être aux sup-
plices. De la part d'un Normand, surtout,
c'était de l'héroïsme ; car, quelle que fût l'issue
du duel anglo-français, il était à peu près certain
que l'Angleterre conserverait le duché de Normandie.

Ce fut dans cette phase si terrible, à l'heure
même où le roi d'Angleterre débarquait sur les
côtes de France avec un appareil formidable, que
Robert Assire entra dans la vie publique. Sans
doute, il avait le cœur cuirassé d'un triple airain,
— l'airain de la foi chrétienne, de la fidélité roya-
liste, de la foi patriotique, — pour se lancer
impavide dans les tempêtes. Il avait de qui tenir, après tout, et la souvenance des gestes de ses
pères eût suffi pour viriliser son âme. Guillaume
Assire, en 1180, luttant pour le droit de l'évêque
de Lisieux, avait un instant mis en échec l'arbi-

traire d'Henri II, roi d'Angleterre et duc de Normandie.[1] Odoard Assire, sans doute aïeul de Robert, avait été, en 1301 et 1302, un de ces preux écuyers normands de l'ost du Roi en Flandre,[2] qui rachetèrent par la victoire de Mons-en-Puelle la défaite de Courtrai.

Les premiers actes dans lesquels figure Robert Assire sont du mois de septembre 1359 ; il a été investi par le Régent du royaume, duc de Normandie, de la charge de vicomte de Falaise, en remplacement de Simon de Baigneux, nommé vicomte de Rouen,[3] et, en prévision d'une attaque, il a fait mettre en état de défense le château de Falaise.[4]

Les vicomtes, à cette époque, étaient les receveurs particuliers du Domaine, des Aides, des Eaux et Forêts ; « vicomte » était, dans les villes, synonyme de « receveur ». La fonction de ces officiers ne comprenait pas que la perception des revenus du Domaine et des aides : elle comportait aussi l'entretien des grands chemins, ainsi que des châteaux et bâtiments du Roi si-

---

[1] *Preuves*, 1. — Voyez ci-dessus, pages 7-8.

[2] *Preuves*, 3.

[3] S. de Baigneux avait succédé, dans la vic. de Falaise, en 1355, à R. le Marchant, qui lui-même avait succédé, vers 1352, à G. Michel. (*Pièc. orig.*, doss. 43058, Martel, n° 7 ; Houdetot, n° 4 ; doss. 40304, des Loges, n° 3.) — S. de Baigneux fut vicomte de Rouen, après J. du Bois, de 1359 à 1385, et eut pour successeur Richard de Cormeilles. (*Pièc. orig.*, Houdetot, n° 5 ; Harcourt, n° 13 ; Baigneux, *passim.*)

[4] *Preuves*, 6, 8, 9.

tués dans leur ressort. En outre, dans la plupart des villes de Normandie, le vicomte était le juge du premier degré, et l'on appelait de ses sentences devant le bailli ; mais le vicomte ne connaissait ni des cas royaux, ni des causes des Nobles, ni des crimes ; sa compétence se bornait aux délits et aux causes des non-nobles. En somme, sa fonction embrassait tout ou partie des attributions actuelles des receveurs particuliers des finances, des receveurs des Domaines, des ingénieurs, des agents-voyers, des conservateurs des eaux et forêts, des juges-de-paix et des juges correctionnels. — Le fonctionnarisme a marché depuis le temps de Robert Assire ; ce ne sont plus les chevaliers qui « pleuvent » en France, comme disait la belle devise des sires de Chauvigny ; ce sont les fonctionnaires... et les impôts. Rien qu'en ces dix dernières années, le népotisme républicain a créé pour une centaine de millions d'emplois nouveaux. Le pays est administré moins économiquement qu'autrefois ; l'est-il plus intelligemment et plus honnêtement ? Aux contribuables à merci de répondre.

Dans la hiérarchie administrative du moyen-âge, les vicomtes royaux étaient qualifiés « hommes sages et pourvus ». Robert Assire comptait au nombre de ses prédécesseurs le frère d'un roi d'Écosse, Simon de Bailleul, vicomte de Falaise en 1290,[1] et, parmi ses suc-

---

[1] Galeron, *Hist. de Falaise*, p. 22.

cesseurs, en 1474, devait figurer un rejeton des
Paléologue, « noble homme messire Georges de
Bissipat, chevalier, dit le Grec, vicomte de Fa-
loise, de la race des Empereurs d'Orient ». [1]

Robert Assire fut vicomte-receveur de Falaise
de 1359 à 1369, et la plupart de ses actes attestent sa vigilance, son zèle, sa prévoyance, son dévouement aux intérêts dont il avait la garde. En
1361, lorsque la France était ravagée par des
bandes de pillards et de malfaiteurs, « dont aul-
cuns se appelloient la grant compaignie », [2] le
vicomte de Falaise fit réparer le château d'Exmes, [3]
sans nul doute pour le mettre à l'abri d'une surprise. — Le 8 août 1362, il versa la somme de
deux cents livres tournois à Robert Paistloue,
« trésorier général, ès bailliages de Caen et de
Cotentin, de l'aide de cinq sous tournois pour
feu pour trois mois, octroié au duc mon seigneur

[1] La Roque, *Traité de la Nobl.*, éd. 1735, ch. LXVIII, p. 216 :
arrêt de l'Échiquier, de l'an 1474, dans lequel R. Seran, escuyer,
est dit « lieutenant général de noble homme messire Georges de
Bissipat, chevalier, etc. » — Sur les Grecs réfugiés en France
après la prise de Constantinople, en 1453, voy. Ch. Richard, *Épi-
sodes de l'hist. de Rouen*, p. 23, et Galeron, *op. cit.*, p. 28-29.

Voici les vicomtes de Falaise dont j'ai trouvé des actes : 1351,
G. Michel ; 1354, Rob. le Marchant ; 1355, Simon de Baigneux ; 1359-
1369, Assire ; 1369, Renan le Moine ; 1370, Jourdain de Vaux ;
1371, Renan le Moine ; 1381, Renaud Bigant ; 1387, P. Bigant ;
1390, G. le Diacre ; 1403, J. Auber ; 1408, Nic. Potier ; 1434, J.
Stenut, anglais ; 1441, G. Plompton, écuyer, anglais ; 1453, G. La-
chère, écuyer ; 1474, Georges de Bissipat, chevalier ; 1544, noble
Jac. des Buats, lic. en droits.

[2] *Grandes Chroniques.*

[3] *Preuves*, 10.

pour le vuidement des anemis estans ès parties de Normendie », la dite somme de 200 livres tournois représentant « ce que le dit Viconte puet avoir receu du dict aide ès sa dicte viconté ».[1]

II

Le loyal Jean II était mort dans sa chevaleresque captivité. La France voyait s'ouvrir un grand règne, splendidement inauguré par la victoire de Cocherel, préface glorieuse et vibrante de patriotiques espoirs. L'épée de Bertrand du Guesclin apprenait aux Français que la fortune des armes revenait à leurs drapeaux. Le génie réparateur de Charles V allait être plus à l'aise pour travailler au rétablissement de l'ordre, à la restauration du royaume par la politique, par la sagesse et les lois ; car les séditions n'étaient qu'amorties, l'esprit de trouble fermentait, la guerre de Bretagne n'était pas éteinte.

En fait, elle n'avait pas été interrompue depuis la bataille de Poitiers ; le roi de France et le roi d'Angleterre n'avaient point cessé de prendre parti l'un pour le comte de Blois, l'autre pour le comte de Montfort. Des deux côtés

[1] *Preuves*, II.

on fit marcher des secours; de nouveau la Bretagne fut divisée en deux camps, pressés d'en
venir à une bataille décisive.

Lorsqu'on fut en présence, il y eut d'abord
des négociations, auxquelles Charles V prit une
part directe par l'envoi de deux chevaliers de
son conseil : Pierre Domont, chambellan du
Roi, et Philippe de Troismonts, vieux gentilhomme de Normandie, d'une expérience con-
sommée. Le 27 juillet 1364, Charles avise de
leur mission Aimar Bourgoise, l'un de ses trésoriers, en lui mandant de leur bailler tous les
deniers qu'ils requerront, et de prescrire la
même injonction aux vicomtes royaux de Caen,
de Bayeux, de Coutances, de Vire, et à Robert
Assire, vicomte royal de Falaise[1].

Les négociations devaient échouer ; l'amour
des batailles l'emporta ; Charles de Blois, malgré des prodiges de vaillantise, fut vaincu, fait
prisonnier, et lâchement assassiné par son im-
placable vainqueur. « Ce duc Charles, dit une
vieille chronique, fut le plus beau chevalier de
France et le mieulx entaiché de vaillance : car
de chevallerye faisoit ce qu'il appartenoit à
prince, et n'eust oncques battaille que à la première ne voult estre, et souventes foys s'assem-
bloit le premier à ses ennemys. Jolys fut plus
que nul aultre, toute sa vye, et de faire chan-
sons et lays s'esbattoit souvent, mais saincte

---

[1] *Preuves*, 12.

vye menoit secrètement, et maintient-on que en sa vye nostre Seignour faisoit pour lui maints miracles. » [1]

Les vicomtes royaux avaient charge de saisir et de mettre dans la main du Roi les fiefs tenus de lui, et dont les possesseurs négligeaient de lui faire foi et hommage. Deux mandements de Charles V à Robert Assire, vicomte de Falaise, l'un et l'autre de l'an 1366, sont relatifs aux hommages dûs au Roi par Robert Vion, dit le Baoust, seigneur de Punelle, et par Colin de Courseulles, écuyer. [2]

La paix venait d'être criée entre le roi de de France et le roi de Navarre, paix boîteuse et perfide, mais enfin c'était un allégement aux maux des peuples, et d'une commune voix ils bénirent le sage monarque qui suspendait partout les batailles et déjà rétablissait l'honneur de la Monarchie. Leurs maux étaient grands encore ; les redoutables *compagnies*, disciplinées pour le pillage et le brigandage, continuaient à sillonner le royaume, et c'était l'espèce de guerre que les peuples redoutaient le plus ; « quand une *compagnie* approchait, c'était comme un fléau qu'on voyait fondre, et ce fléau, c'était le vol, le viol, l'homicide, le sa-

---

[1] *Chron. de B. du Guesclin*, publ. par Fr. Michel. — Sous les vêtements du preux et pieux Charles de Blois, les varlets du comte de Montfort trouvèrent une haire. Il fut canonisé par Urbain V.

[2] *Preuves*, 13, 14.

crilège, protégés par les armes. » [1] Charles V voyait ces désastres avec douleur ; il ordonna de lever des aides « pour la provision et deffense du royaume », et le vicomte de Falaise fut un des deux élus chargés de percevoir ces aides dans le diocèse de Séez. [2]

L'autre élu était un brave et bon gentilhomme normand, messire Jean d'Urville, seigneur et curé d'Urville, que sa dignité sacerdotale n'empêchait pas d'être le lieutenant du capitaine châtelain de Falaise et de commander une compagnie de gens d'armes et d'archers. [3] Ne pensez-vous pas que voilà un vaillant prêtre que l'enrôlement des « curés » n'eût pas foncièrement mécontenté ? Il était d'un temps où les soldats pouvaient franchir le seuil des églises, où le prêtre n'était pas systématiquement exclu de la vie publique, où le Dieu des armées n'était pas

[1] Laurentie, *Hist. de France*, t. III, p. 68.

[2] *Preuves*, 16.

[3] *Pièc. orig.*, Urville, nᵒˢ 2-11 : Quitt. de gages du 9 fév. 1364 v. s. « Sachent tuit que ie Jehan, segneur et personne (curé) durville, confesse avoir eu et receu de Renier le Coustelier, viconte de Baieux, la somme de LX l. tourn. en prest sur les gaiges de moy et des gens darmes et archiers de ma compaignie, desservis et à desservir soubz le gouvernement de noble homme Mons. Guillaume du Merle, cappitaine general... » — Quitt. du 25 avril 1366 : « Je Johan durville, connestable et lieutenant de N. H. mons. Johan Martel, chevalier, chastellain et cappitaine de Faloise... » — Le 18 nov. 1366, à Caen, Jehan, seigneur d'Urville, fait montre de sa comp. de gens d'armes et d'archers à cheval, et, en 1374, il est « gardien du chastel de Faloise de par le Roy nostre sire ». En 1376, le même et Robert Grésille sont « esleuz ou dyocese de Sees sur le fait des aydes ord. pour la guerre ».

exclu de la famille militaire, où la France, naguère déchirée par les factions, toujours menacée par une nation de proie, cherchait la force et le salut dans l'union de tous ses enfants, sous l'égide paternelle de la Royauté nationale. La révolution a changé tout cela ; elle s'apprête à vider les séminaires pour encombrer les casernes, non parce que le patriotisme l'exige, mais parce que la militarisation, c'est la déchristianisation ; mots barbares, exprimant un fait plus barbare encore ! Si l'intérêt du pays était le guide de ces politiciens sinistres, pourquoi cette guerre aux écoles sacerdotales ? Est-ce que, dans le péril de la patrie, tous les vrais Français ne sont pas volontairement soldats, et les séminaristes ne l'ont-ils pas prouvé noblement dans l'année terrible ? — Mais revenons à Robert Assire.

Le 8 octobre 1366, Robert de Wargnies, chevalier, bailli de Caen, mande au vicomte de Falaise ou à son lieutenant, que, par des lettres du 2 dudit mois, le Roi lui enjoint d'aviser les populations de se tenir sur leurs gardes, de tout « retraire » dans les forteresses, spécialement les vivres, de visiter les bonnes villes, les châteaux, les forts, de faire appareiller et garnir ceux qui peuvent être profitables à la défense, et de faire abattre les autres. Le Roi recommande « que l'on dise aux gens des bonnes villes et des autres forteresses tenables qu'ils fassent bon guet, jour et nuit, tellement que, par trahison ou autrement, ils ne puissent être surpris. » Le bailli de Caen prescrit à Robert Assire de mettre à exécution sans délai ces ordres du Roi, dans le ressort de sa vicomté, « tellement que, par votre défaut, péril ni dommage n'en puisse venir au pays. » [1]

Le vicomte ne se trouvait pas à Falaise, lorsqu'y parvint ce grave mandement ; il était probablement à Séez pour la perception des aides de guerre ; ce fut « messire Jehan d'Urville » qui reçut les ordres royaux transmis par le bailli de Caen. [2]

Ces ordres ne durent pas surprendre Robert Assire, car, dès le commencement de cette même année 1366, il avait prescrit au château de Falaise, — où étaient ses logis, — de nouveaux travaux de réparation et de fortification dont la réception avait été faite, le 25 avril, à sa requête, par « Johan d'Urville, connestable et lieutenant de monseigneur Johan Martel, chevalier, chastelain de Faloise ». [3]

Cette fois, « les gens des bonnes villes » en furent quittes pour une alerte ; mais, avec un prince d'une duplicité sans bornes comme était le roi de Navarre, la prudence n'était jamais hors de saison, et le roi de France agissait en conséquence. Officiellement, le Navarrais était en paix avec Charles V, mais ses partisans, ses séides n'en continuaient pas moins leurs tra-

[1] *Preuves*, 17.
[2] *Ibid.* : « Receu par mess. J. durville le ixe dott. 1366 ».
[3] *Preuves*, 15.

mes, et la justice de l'Echiquier n'hésita pas à les frapper. Un des plus ardents était Jean de Tilly, chevalier, d'un vieux lignage de Normandie, pensionné par le roi de Navarre et chassant de race, car son père avait été impliqué dans la conspiration de Godefroy d'Harcourt, en 1343. Je m'empresse d'ajouter, à l'honneur de ce nom chevaleresque, que son petit-fils, appelé aussi Jean de Tilly, fut un des loyaux et vaillants serviteurs de Charles VI. [1]

Le 24 mai 1367, l'Échiquier ordonne d'arrêter messire Jehan de Tilly, sire de Chambay, en quelque lieu qu'il soit, « hors lieu saint », de l'amener dans les prisons de Rouen et de saisir tous ses biens. Il enjoint au vicomte de Falaise de « baillier deniers raisonnablement, pour faire leurs despens et les mises pour ce nécessaires », aux sept hommes chargés de la dite arrestation, de leur prêter aide, conseil et main forte, et de dresser l'inventaire des biens saisis. La fin de ce mandement de justice témoigne de l'importance que les juges attachaient à la capture du coupable : Ayez garde, disent-ils au vicomte, « qu'il n'y ait défaut par vous, car, s'il y était, vous en

---

[1] Dans des lettres de délai octroyées par ce prince, le 26 sept. 1416, à Jehanne de Thibouville, il est dit que son époux, J. de Tilly, sgr de Boissay le Chastel, chevalier, chambellan du Roy, « fut à la bataille derrenierement avenue en Picardye contre noz ennemis et adversaires d'Engleterre, et en icelle fut prins et enmené par iceulx noz ennemis en Engleterre ou ilz le tiengnent de present prisonnier, comme len dit. » *(Pièc. orig.*, Tilly, n⁰ 17.)

seriez puni grièvement. » [1] — D'une quittance
passée devant le garde du scel des obligations
de la vicomté de Falaise, le 6 juin suivant, il
appert que Robert Assire se conforma aux in-
jonctions de l'Echiquier. [2]

III

Olivier de Clisson, qui devait être connétable
de France à la mort de Bertrand du Guesclin,
était le fils aîné d'Olivier III, sire de Clisson,
exécuté en 1343 avec d'autres gentilshommes
suspectés ou convaincus d'intelligence avec les
Anglais, qui soutenaient Jean de Montfort contre son compétiteur. Olivier IV servit d'abord
le duc de Bretagne et se signala en 1364 à la bataille d'Auray, fatale à Charles de Blois ; puis,
en 1368, il se mit au service du roi de France,
devint le frère d'armes de du Guesclin, qu'il aida
à détruire les *Compagnies*, et rejeta les Anglais
en Guyenne.

Charles V lui ayant fait don de cent livres

[1] *Preuves*, 18.

[2] *Preuves*, 19. — Charles V pardonna à J. de Tilly, qui n'en de-
meura pas moins l'âme damnée du Navarrais, lequel, au début de
1371, le chargea d'une mission à la cour d'Angleterre, avec P. du
Tertre, son secrétaire, exécuté, sept ans après, pour crime de
haute trahison. (*Pièc. orig.*, doss. 62515, du Tertre, nº 4.)

tournois [1], « à prendre sur les arrérages de la garde de l'hoir au sire de Clinchamp [2] », Olivier de Clisson donna procuration, à l'effet de toucher cette somme, à Jean Néel, qui la reçut, le 2 juin 1368, des mains de Robert Assire, vicomte de Falaise.

Charles V allait avoir besoin de l'épée du futur vainqueur de Rosebecq. Le traité de Bretigny pesait à sa politique, à son patriotisme ; les exactions du prince de Galles et ses violences allaient favoriser les secrets desseins du Roi. Des seigneurs de Gascogne, notamment le comte d'Armagnac et le comte de Comminges, ayant porté leurs plaintes au roi de France, comme à leur légitime et immuable suzerain, « jamais plaintes ne furent mieux reçues [3] ». Les rapports se tendaient de plus en plus entre la cour d'Angleterre et la cour de France, et plus d'une fois, avant la décisive rupture de 1369, on put croire que la guerre allait éclater. Nous en recueillons la preuve dans un mandement adressé en 1368 par le bailli de Caen au vicomte de Falaise.

---

[1] Env. 4,400 fr. de notre monnaie.

[2] Le « sire de Clinchamp », dont le fils, mineur, se trouvait en la garde du Roi, était, croyons-nous, Alain de Clinchamp, sire des Mezerets et de Rosel, chevalier, au service du Roi en 1356, auquel temps il donna quitt. des gages de sa comp. à Aymar Bourgoise, trés. des guerres dans les baill. de Caen et de Cotentin. (*Pièc. orig.*, Clinchamp, n⁰ 2.) — Cf. la belle histoire généal. de *La Maison de Clinchamp*, par J. Noulens, p. 464-465.

[3] Dupleix, *Hist. de France*, t. II, p. 577.

Le 7 juillet de la dite année, Robert Assire reçoit l'ordre, au nom du Roi, d'ajourner sans nul délai tous les seigneurs, capitaines et gouverneurs de forteresses de sa vicomté à se trouver à Caen le jeudi suivant, pour entendre le contenu des lettres du Roi et ce que leur dira le bailli, et ce, sous peine d'être tenus pour rebelles et désobéissants et de voir mettre « tout leur temporel » dans la main du Roi.

« Et avecques ce, ajoute le bailli, vous ou vostre lieutenant, y soyez, et ce vous enjoignons, et pour cause [1]. »

Ce ne fut encore qu'une alerte : mais ce sont là, dans notre histoire, les prodromes intimes de la dénonciation du traité de Bretigny, ouvertement violé par les Anglais, de la revanche solennelle du droit des gens [2], et du glorieux retour à la patrie Française du comté de Ponthieu et d'autres généreuses terres [3].

Le 5 août 1368, Charles V mande au vicomte de Falaise de restituer à maître Guillaume de la Rosière une sergenterie, qu'en exécution de récentes ordonnances Robert Assire avait mise en la main du Roi [4]. — D'une quittance du 3o du

---

[1] *Preuves*, 21.

[2] Le prince de Galles avait fait arrêter et emprisonner Jean de Chaponval, chevalier, et Bernard Palot ou Pellot, magistrat toulousain, députés vers lui par Charles V, roi de France et son suzerain.

[3] Voy. *Un martyr de la patrie, Rech. sur Ringois d'Abbeville*, par O. de Poli, p. 61-74.

[4] *Preuves*, 22.

même mois, il conste qu'il fit relever les murs du château d'Exmes, en partie ruinés [1]. — Au mois de décembre de la même année, Charles V mande au vicomte de Caen d'ajourner au prochain échiquier de Rouen Robert de Montfort, lieutenant du bailli de Caen, pour répondre à la plainte de Jean de la Moricière, qui soutient que le dit Robert « lui a fait plusieurs torts graves en la poursuite d'une exécution sur lui requise par Simonet Thaulemer, clerc de Robert Assire, vicomte de Falaise [2]. »

Peut-être faut-il considérer comme une des suites de cette affaire l'événement qui faillit briser la carrière de Robert Assire, et dont nous parlerons dans un instant.

L'habile politique de Charles le Sage suivait son cours ; l'Assemblée des pairs du royaume, des notables et des jurisconsultes les plus renommés avait prononcé d'une seule voix que le roi d'Angleterre avait violé le traité de Bretigny, que le prince de Galles était contumace, que la guerre était la seule justice qui restât. Alors Charles V lance un fier et ardent manifeste, qui est lu dans les chaires de toutes les églises. La nation électrisée appelle unanimement la guerre, et de toutes parts on court aux armes. Il résulte de cet admirable entraînement du patriotisme que les campagnes sont désertes

[1] *Preuves*, 23.

[2] *Preuves*, 24. — Le vicomte de Falaise avait alors pour lieutenant P. le Hursin. (*Pièc. orig.*, le Hursin, n⁰ 2.)

et que les moissons, faute de bras, menacent de
pourrir sur pied. La famine serait un désastre
national, peut-être irréparable, à cette heure où
s'engage la grande guerre de délivrance. Les
magistrats « et plusieurs autres sages » signalent
le grave péril au bailli de Caen, Renier le Coustelier, qui s'empresse de prescrire à Robert Assire et aux autres vicomtes de sa baillie les mesures de préservation : tous les métiers seront
immédiatement suspendus, et tous les ouvriers
« contraints à aller cueillir les blés », moyen-
nant un salaire raisonnable ; s'il y a des récalci-
trants, qu'ils soient mis en prison [1].

Ce mandement de salut public ne dut pas sou-
lever de résistances ; car tous les cœurs étaient
d'accord avec les Du Guesclin, les Clisson, les
de Vienne, avec les dignes lieutenants du grand
roi dont le génie allait relever la fortune de la
patrie.

IV

Nous touchons à une phase obscure et singulièrement douloureuse de la vie de Robert Assire. Au mois de septembre 1369, au fort de la
guerre nationale, il est destitué de son office

---

[1] *Preuves*, 25.

royal de vicomte de Falaise [1], et, semble-t-il, est ou en prison ou en fuite. D'ordre de la chambre des comptes de Paris, le bailli de Beaumont-le-Roger fait procéder, le 3 octobre suivant, à l'inventaire de ses biens, auquel sont présents la femme et le fils de Robert Assire [2]. Sans aucun doute ses biens sont saisis et mis en la main du Roi.

Quelle faute avait commise l'ex-vicomte pour être si rudement frappé ? Quelque erreur de comptabilité, quelque négligence dans l'exécution des ordres du Roi ? Sa révocation n'était-elle pas une suite de la plainte que nous avons vu porter contre son clerc et contre Robert de Montfort par Jean de la Moricière ? Qui ne sait que, dans les temps troublés, la dénonciation calomnieuse est une arme commode aux mains des lâches et des avides ? La loyale fidélité de Robert Assire à la Royauté nationale n'avait-elle pas soulevé contre lui des inimitiés puissantes, des haines sourdes, mais implacables ? Cette dernière hypothèse est la plus vraisemblable, et nous inclinons d'autant plus à l'admettre que la disgrâce du bon serviteur dura juste le temps dont il avait besoin pour se réhabiliter dans la confiance de son maître.

L'équité royale se plut à dédommager Robert Assire d'une épreuve imméritée, en l'appelant à

---

[1] Il y eut pour successeur Jourdain de Vaux, presque aussitôt remplacé par Renan le Moine.

[2] *Preuves*, 26, 27.

un emploi supérieur en importance à celui dont
il avait été désinvesti : Charles V lui donna si-
multanément la vicomté 'd'Auge, dont le siège
était à Lisieux, c'est à-dire au berceau même des
Assire, et la vicomté de Pont-Authou [1] ; puis, au
mois de mars 1371, ayant à faire choix d'un
commissaire d'une expérience et d'une intégrité
éprouvées, pour procéder à l'assiette de deux
milles livres en terres, données par Charles V
au comte d'Alençon et du Perche, le Roi désigna
Robert Assire, et, par son ordre, la Chambre
des comptes de Paris enjoignit à Renan le Moine,
alors vicomte de Falaise, de verser au commissaire royal, pour ses frais de déplacement, la
somme de 50 francs d'or [2], de beaucoup plus
considérable que le total présumable de ces frais ;
aussi n'hésitons-nous pas à voir dans cette allo-
cation disproportionnée un don discret et déli-
cat du souverain [3].

Mentionnons, en passant, deux mandements,
l'un daté du château du Louvre le 28 mai
1371, l'autre, de Vincennes le 6 juillet 1373,
par lesquels Charles V notifia au vicomte
d'Auge et de Pont-Authou que Jean de Hotot,
chevalier, seigneur de Vassy, et Jean Grente,
écuyer, seigneur de Villerville, lui avaient fait

[1] R. Assire succédait, dans la vic. d'Auge, à Ancel de Boucainvilliers, et, dans celle de Pont-Authou, à R. du Mont.

[2] Env. 2,200 fr. de notre monnaie.

[3] *Preuves,* 28-30.

foi et hommage pour ces deux seigneuries [1].

Le 27 décembre 1372, Charles V avise les évêques de Bayeux et de Coutances, ses conseillers, Thomas Graffard, archidiacre d'Auge, son secrétaire, Raoul Paynel, capitaine de Coutances, Jean Martel, capitaine de Falaise, les baillis de Caen et de Cotentin, Raoul Campion, receveur général en la basse Normandie, et Robert Assire, vicomte d'Auge, que touché des maux innombrables résultant, pour ses bons et loyaux sujets normands d'outre-Seine, de l'occupation par les Anglais du fort de Saint-Sauveur-le-Vicomte, il a décidé de lever une imposition de 40,000 francs, « pour convertir au paiement des gens darmes » chargés d'en déloger l'ennemi, sous la conduite de l'illustre amiral Jean de Vienne. [2] Le mandement royal, dans l'expression touchante de l'ardente commisération de Charles V, reflète vivement le doux cœur de ce paternel et chrétien monarque qui baisait humblement la main dans laquelle il mettait l'aumône. — Le siège fut long et pénible, mais l'année 1373 ne s'acheva pas sans avoir vu la retraite de Jean Chandos et la délivrance de Saint-Sauveur. [3]

Robert Assire, grâce à la juste faveur du Roi, allait se trouver mêlé plus intimement encore aux péripéties du grand drame national, aux

[1] *Preuves*, 31, 33.
[2] *Preuves*, 32.
[3] L. Delisle, *Hist. de St-Sauveur-le-Vicomte.*

prévoyantes combinaisons de la politique de
Charles V. Le sage monarque s'effrayait de sa
santé débile ; on eût dit qu'il sentait la mort
ruisseler en ses veines avec le poison lent que
l'infâme roi de Navarre lui avait fait prendre
autrefois. Il redoutait anxieusement les déchirements qui pourraient menacer sa chère France,
s'il la quittait en laissant pour héritier de la
couronne un enfant livré aux factions. Le sou-
venir des malheurs de sa propre jeunesse lui
montrait l'avenir sous des couleurs sinistres ; il
savait quelles calamités fondent sur un empire
sans royauté. Ces graves préoccupations l'indui-
sirent, au mois d'août 1374, à porter l'ordonnance célèbre qui fixe à quatorze ans la majorité
des Rois. Alors son attention se tourna du côté
de la Bretagne, livrée à l'anarchie depuis que le
duc Jean de Montfort avait été chassé par ses
sujets, pour avoir voulu faire de cette noble
terre une province anglaise. Charles V rêvait,
lui, d'en faire une terre française ; il fallait préa-
lablement s'assurer des intelligences dans le
pays. Robert Assire eut l'insigne honneur, au
mois d'octobre 1374, d'être choisi par son
prince, avec Jean le Mercier, conseiller du Roi,
pour remplir cette grave et très délicate mission, qui n'était pas non plus sans périls. Il
partit à cheval, avec son compagnon, son clerc
et son varlet, le 15 du dit mois, et la remplit
certainement à la satisfaction de son royal maître, à qui, le 4 décembre suivant, il vint en ren-

dre compte. En effet, par des lettres données au bois de Vincennes le 22 du même mois, Charles mande, aux généraux des aides de faire compter cent deux francs d'or, [1] outre ses gages ordinaires, « à notre amé Robert Assire, notre vicomte d'Auge », à qui « nous avions naguère mandé, par nos lettres closes, signées de notre main, aller ès parties de Bretagne en la compagnie de notre amé conseiller Jean le Mercier, pour certaines grosses besognes touchant notre honneur et profit. » [2]

Le 28 décembre, Robert Assire était de retour à Lisieux, et donnait à Raoul Campion, receveur général de la basse Normandie, une quittance de 102 francs d'or, munie du scel de la vicomté d'Auge. [3]

Le 20 février 1375, « Robert Assire, vicomte d'Auge et de Pont-Authou et élu au diocèse de Lisieux sur le fait des aides ordonnés pour la guerre », notifie « à Étienne Asse, receveur des dits aides au dit diocèse », les résultats de l'enquête à laquelle il a procédé pour déterminer « quelles terres et villes monseigneur le comte d'Harcourt a et sont tenues de lui » dans le diocèse de Lisieux. [4]

Au mois d'août de la même année, le vicomte d'Auge est à Pont-l'Évêque, avec des gentils-

[1] Env. 4,500 fr. de notre monnaie.
[2] *Preuves*, 34.
[3] *Preuves*, 35. — Pl. II, nº 1.
[4] *Preuves*, 36.

hommes et des notables de sa vicomté, « pour faire jugement de Jean Morel, demeurant en la paroisse de Bernay ». Tous ont pris leurs logis chez Robert du Mont, Bourgeois de Pont-l'Évêque, ci-devant vicomte de Pont-Authou.[1]

Le 15 février 1376, Robert Assire reçoit d'Étienne Asse, receveur des aides, « la somme de cent livres tournois pour ses gages de service pour une année », dans sa charge d' « élu au diocèse de Lisieux des aides pour la guerre », et sa quittance est munie de son scel personnel, de forme ovale, où se voit un buste de femme[2] tenant un écu à ses armes, avec cette légende : SEEL ROBERT ASSIRE.[3]

V

Entre le 15 février 1376 et le 4 novembre 1377, Robert Assire fut appelé par la confiance de Charles V à l'importante fonction de maître et enquêteur des eaux et forêts du duché de Normandie,[4] aux gages de 200 livres tournois par an.[5]

---

[1] *Preuves*, 37.

[2] J'ai remarqué ce même buste sur les sceaux de la plupart des élus des aides ; il était très probablement symbolique ; il disparaît du scel de R. Assire, dès qu'il n'est plus élu des aides.

[3] *Preuves*, 38. — Pl. II, n° 2.

[4] Il eut pour successeur à Pont-Authou Richard de Brumare.

[5] Env. 8,800 fr. de notre monnaie. — *Preuves*, 39.

Le grand maître des eaux et forêts de France prenait la qualité d'Enquêteur et réformateur Général des Eaux et Forêts ; les maîtres et enquêteurs particuliers relevaient de son autorité ; ils jugeaient toutes les causes concernant les eaux et les forêts, c'est-à-dire tous les différends en matière de bois, chasses, garennes, ventes, contrats, coupes, mesures, façons, défrichements, repeuplements des bois appartenant au Roi, ou tenus en grurie, ou par apanage, ou en usufruit. Ils connaissaient aussi de tous les différends relatifs aux rivières navigables et flottables, aux pêches, passages, pontonages, bacs, bateaux, îles, îlots, accroissements, alluvions, etc. Les appels de leurs sentences étaient portés au siège de la table de marbre du Palais, et de là au Parlement. Ils présidaient aux coupes et ventes de bois dans les domaines de la couronne, et avaient sous leurs ordres les verdiers, les gruyers et les sergents ou gardes des forêts royales. L'importance de la fonction de maître et enquêteur des eaux et forêts ressort de ce fait qu'elle était coutumièrement attribuée à des gentilshommes de haut lignage,[1] et aussi de ce que presque tous les verdiers, les gruyers,

---

[1] En 1335, Bertaut Hardilly, chevalier ; 1346, Renaud de Giry, grand veneur de France ; 1362, J. de Courguilleray, écuyer ; 1366, J. de Lihus, chevalier ; 1376, P. de Saint-Jean, chevalier ; 1390, Hector de Chartres, sgr d'Ons, chevalier ; 1394, J. de Vendôme, écuyer de corps du Roi ; 1446, J. Crespin, chevalier, sgr de Mauny, écuyer d'écurie du Roi ; etc.

et les sergents ses subordonnés, étaient écuyers
et même chevaliers. [1]

En devenant maître et enquêteur des eaux et
forêts, Robert Assire adopta un autre scel dans
lequel son écu avait pour supports deux aigles. [2]
— Il avait pour collègue, dans sa nouvelle
charge, noble homme monseigneur Jean Braque, chevalier, sire de Courcy, maître d'hôtel
du Roi et conseiller du duc d'Orléans, époux
de Jeanne de Courcy, fils aîné d'un preux chevalier fait prisonnier à Poitiers aux côtés de
Jean II, — monseigneur Nicolas Braque, maître d'hôtel de ce prince et son général conseiller sur le fait de ses guerres, — et de Jeanne
le Bouteiller de Senlis. La richesse des Braque
était proverbiale ; le dit Nicolas avait prêté de
grosses sommes [3] au régent du royaume (Char-

---

[1] En 1370, Noble. h. mgr J. d'Abancourt, chevalier, verdier de la
for. de Luchy ; 1375, J. Cavare, écuyer, lieut. du verdier des for.
de Vernon et d'Andely ; 1383, Alain de Louchamp, écuyer, verdier de la f. de Touques ; 1392, J. d'Urville, écuyer, verdier de
la f. de Landepourrie ; 1399, J. de la Heuse, écuyer, verdier de
Gravigny ; P. de Fourneaux, écuyer, sergent en la f. de Conches ;
1405, P. de Saint-Liénard, écuyer, sergent à cheval de la f. de
Marchenoir ; 1407, Érard de Champagne, écuyer, verdier de Long-
bouel ; 1412, Rob. de Fréville, chevalier, verdier de la f. de Bro-
tonne.

[2] Pl. II, n° 3.

[3] « De par le Duc de Normendie, Dauphin de Viennoys. —
Gens des comptes de monsgr et les nostres à Paris. Nous sommes
bien recors que ou voiage que nous feismes a Mez par devers
nostre Oncle lempereur, nous eusmes et receusmes de nostre bn
amé messire Nicolas Braque, chevalier, en prest la somme de ij^m.

5

les V) ; puis il dut vendre ses terres pour payer son énorme rançon, et, pour qu'il pût la parfaire, Jean II lui fit don de deux mille deniers d'or. A sa mort, il ne laissa que des dettes, « contractées pour avoir l'honneur de servir son prince et sa patrie » ; c'était le lot ordinaire du gentilhomme. [1]

Du 4 novembre 1377 au 15 avril 1379, Robert Assire, seul ou conjointement avec Jean Braque, procède à divers actes de sa fonction de maître des eaux et forêts : adjudication de coupes de bois, notification de sentences du réformateur général, installation de sergents royaux, amendes portées contre les usurpateurs des droits du Roi dans ses forêts. [2] Nous allons le voir agir, par l'ordre de Charles V, contre les criminels partisans de l'odieux roi de Navarre, plus acharné que jamais à la perte de la France ; inimitié plus formidable que celle de l'Angleterre, parce qu'elle se déclarait par les crimes au lieu de se déclarer par les armes. Le Navarrais ne craignit pas de renouveler contre Charles V un monstrueux attentat ; Jacques de Rue, son chambellan, et Pierre du Tertre, son secrétaire, acceptèrent la mission d'empoisonner le Roi de France.

---

moutons, et li en feismes noz lectres... *signé :* Charles. » (Clairambault, *Titres scellés*, t. XXI, p. 1463.)

[1] Voy. sur les Braque mon *Essai d'introd. à l'hist. généal.*, p. 94, 123-125.

[2] *Preuves*, 40, 41, 44, 47.

Dieu permit que la trame horrible fût découverte. Aussitôt le duc de Bourgogne et du Guesclin s'emparèrent de toutes les places que le roi de Navarre avait en Normandie, à l'exception de Cherbourg, défendu par une armée anglaise ; puis on fit le procès aux empoisonneurs. Les deux coupables s'accusèrent par leurs aveux mutuels ; tout s'éclaira d'une affreuse lumière, et le parlement prononça la peine de mort contre les misérables, en même temps que la confiscation de leurs biens. Les mêmes peines furent portées contre d'autres complices avérés du Navarrais, la plupart contumaces.

Il fallait à Charles V un commissaire aussi ferme et fidèle qu'expérimenté « pour prendre et mettre en la main d'icelui seigneur tous les meubles et héritages des personnes alliées et tenant le parti du roi de Navarre, ennemi du royaume et du Roi[1] » : Charles V désigna Robert Assire, qui saisit et inventoria les biens de Geoffroy Auber, dit Corbin, de la paroisse d'Illeville-sur-Montfort, en la vicomté de Pont-Audemer ; de Colinet Dourdan, du pays de Caux ; de maître Pierre du Tertre et Jacques de Rue, « naguère exécutés comme traîtres et ennemis de notre dit seigneur et alliés du roi de Navarre », de Gilles Lohier, d'Étienne de Brucourt, et autres félons[2].

[1] *Preuves*, 43.
[2] *Preuves*, 42, 43, 45, 49, 50.

Leurs biens furent donnés par Charles V à des chevaliers fidèles[1], et le zèle de Robert Assire fut récompensé par la très haute charge de trésorier de France[2]. Son scel subit alors une nouvelle et dernière modification : les aigles qui supportaient son écu furent remplacées par des léopards[3]. Il serait curieux de rechercher si ces changements n'étaient pas en quelque sorte légaux, et s'il n'y eut pas autrefois, en ce qui concerne les supports, un rapport coutumier, une concordance officielle entre la fonction et ce point d'héraldique.

VI

A l'origine, la recette du Trésor, autrement dit du domaine de la Couronne, appartenait aux baillis et sénéchaux ; au-dessus d'eux, il y avait un receveur général, et un contrôleur, qualifié « clerc du Trésor ». Pour ne pas détourner les baillis et sénéchaux de l'administration de la justice, on établit des receveurs particuliers sous l'autorité du Receveur Général ou Ordonnateur des finances, qui fut ensuite appelé

---

[1] *Preuves*, 49.
[2] *Preuves*, 48.
[3] Pl. II, n° 4.

« changeur du Trésor », et « Grand Trésorier de France ». Primitivement, il n'y avait
qu'un receveur ou trésorier général ; Philippe
de Valois en établit un second, et Charles V
un troisième. Au début, ils n'avaient point de
juridiction contentieuse ; mais, vers 1390, ils
se l'attribuèrent, et se partagèrent en section
de finances et section de justice. Un édit de
Charles VI, en 1407, ramena leur fonctionne-
ment à son mode originel, en leur faisant défense
de faire aucun acte de juridiction contentieuse.
François Iᵉʳ les remplaça par seize trésoriers
provinciaux, qui conservèrent la qualification de
trésoriers généraux, et dont le nombre fut porté
par Henri II à dix-sept, par Louis XIII à vingt,
par Louis XIV à vingt-trois. Ce fut à cause de
ces trésoriers *généraux* que l'on appela « géné-
ralités » les provinces ou territoires dans lesquels ils exerçaient leurs fonctions. Un édit de
Louis XIII, en 1627, leur rendit « la juridiction
contentieuse, touchant le Domaine », sauf dans
la généralité de Paris où elle continua d'appartenir à la Chambre du Trésor.

Des gentilshommes de race féodale avaient
été trésoriers de France avant Robert Assire,
comme Guillaume de Hangest, en 1300[1]. Au
XIVᵉ siècle, les titulaires de cette grande charge
étaient qualifiés « Monseigneur Sire », et comme

---

[1] « Guill. de Hangesto, thesaurarius domini regis francorum. »
(*Quitt.*, t. I, nᵒ 26.)

les premiers officiers du Roi, « honorable et sage[1] ».

Charles V avait rejoint dans la tombe le glorieux du Guesclin : la France avait perdu sa tête et son bras. L'admirable monarque s'était éteint dans la souffrance physique et morale, torturé par le poison qu'autrefois le roi de Navarre avait infusé dans ses veines, angoissé par le pressentiment des déchirements qui allaient éclater. A peine avait-il fermé les yeux que quatre princes, les ducs d'Anjou, de Berry, de Bourgogne et de Bourbon, se disputèrent la régence, le pouvoir. Partout la sédition bouillonnait, présageant de terribles orages. Au retour du sacre de Charles VI, on se mit à poursuivre furieusement ce qui restait d'amis du feu Roi dans les dignités et les charges, les magistrats et les fonctionnaires qui l'avaient servi avec honneur et l'avaient aidé à brider les factions, à régulariser les impôts, à mettre de l'ordre dans les finances, à restaurer la patrie.

Robert Assire ne pouvait pas échapper à l'hécatombe : le 19 novembre 1382, nous le retrouvons maître et enquêteur des eaux et forêts de Normandie, avec Jean Braque[2]. Guillaume

---

[1] *Preuves*, 50, 54. — *Cartul. de l'év. de Langres*, p. 63, ann. 1274 : « Honnorable baron et saige le bailly de Langres. » — *Quitt.*, t. VII, nᵒˢ 466, 468, ann. 1347 : « Homme honnorable et honneste mgr Ph. le Despencier, chevalier et chastellain de Carenten ».

[2] *Preuves*, 55. — R. Assire avait eu pour successeur dans cette

d'Amphernet, d'un lignage illustre de Normandie, lui succéda dans sa charge de trésorier de
France[1]. La vigilance, l'activité, l'intégrité, les
longs services de Robert Assire auraient dû lui
épargner une défaveur imméritée ; mais, dans
les temps de désordre, tout cela n'est rien, ou
même c'est un titre à la révocation.

Ses actes, comme trésorier de France, sont
peu nombreux, mais ils attestent qu'il était digne de conserver cette grande charge. En 1381,
il fait réparer le châtel de Vatteville, et prête au
Roi environ onze mille francs de notre monnaie[2] ;
le désordre n'est jamais à l'ordre du jour, en
France, sans un cortège d'emprunts et de gas-
pillages. La même année, nous voyons Robert
Assire, — alors à Léry pour « la prisée de la
terre de Léry baillée à madame la Royne Blanche en provision de son douaire[3] », — ordonner
de sages mesures pour empêcher que, dans leur
transport à Paris, les recettes du trésor ne soient
pillées par les « gens d'armes génois, et autres d'estranges pays », qui rendent les chemins
« plus doubteux, et par lesquelx pluseurs maulx
ont esté et sont fais de jour en jour[4]. » Nous
connaissons les noms de deux des chefs de ces
compagnies d'arbalétriers génois, Cosimo Gri-

charge J. du Bosc ou du Bois, ci-devant vic. de Rouen. (*Pièc.
orig.*, doss. 64363, n° 2.)

[1] *Quitt.*, t. XXVII et XXX, *pass.*
[2] *Preuves*, 51, 54.
[3] *Preuves*, 57.
[4] *Preuves*, 52, 53.

maldi, et Alberto Spinola, appelés par les scribes militaires français « le capitaine Cosme Grimaut[1] » et « le capitaine Aubert de l'Espine ». Et, fait curieux ! Robert Assire ne mourut pas sans avoir vu son fils, Benoît Assire, endosser le harnois des « gens d'armes génois », au clos des galées de Rouen[2].

VII

Robert Assire exerça de nouveau la charge de maître et enquêteur des eaux et forêts de Normandie, conjointement avec Jean Braque, de 1382 à 1389. Nous avons de nombreux témoins de son administration dans cette période de sept années ; deux quittances de ses gages et de ses frais de chauffage,[3] deux actes d'installation de sergents royaux dans les forêts de Roumare et de Torcy-le-Grand[4], dix contrats ou procès-verbaux de vente ou d'adjudication de bois appartenant au Roi[5].

Entre temps, on utilisait ses connaissances et son expérience en matière de finance ; c'est

[1] *Quitt.*, t. XXIV, num. 2214, 2221.
[2] *Preuves*, 69.
[3] *Preuves*, 56, 67.
[4] *Preuves*, 70, 72.
[5] *Preuves*, 58-65, 71, 73.

ainsi qu'en 1382 Gilles Galois, conseiller du Roi, le chargea de faire appointement avec le vicomte de Bayeux « sur les paiemens de 1,200 livres tournois ordenés à estre pris sur luy par chascun an pour estre convertis en l'estat et despense » du Roi[1].

Le samedi 13 août 1384, à Paris, il se présenta « en la chambre des comptes dudit seigneur, et y fit rapport de la prisée de la terre de Léry, baillée à madame la Royne Blanche en provision de son douaire, en présence des gens du Conseil et de madite dame, lesquels, au nom d'elle, la prirent et acceptèrent agréablement ». Sans doute, il fut moins agréable au digne commissaire priseur de n'être payé de ses frais de déplacement, dûment taxés par les gens des comptes, que deux ans après, le 20 juillet 1386[2]. Il est vrai que, dans l'intervalle, Charles VI avait dédommagé le loyal serviteur en lui conférant la dignité, alors éminente, de conseiller du Roi[3].

Le 14 février 1387, les maîtres et enquêteurs des eaux et forêts de Normandie autorisèrent les illustres tuteurs et curateurs de Jean Crespin, écuyer, sire de Mauny, — le maréchal de Blainville[4], Jean de Garencières, seigneur de

---

[1] *Preuves*, 55.

[2] *Preuves*, 57, 66.

[3] *Preuves*, 61.

[4] Jean de Mauquenchy, sire de Blainville, maréchal de France en 1368, surnommé Mouton à cause de sa terre de Blainville. « Blain » ou « Belain » était synonyme de « Mouton ».

5*

Croisy, Robert d'Estouteville, archidiacre du Neufbourg, chanoine d'Évreux[1], Jean de la Heuse, chevalier, seigneur de Quévilly et de Bailleul, ci-devant amiral de France, — à faire une vente de bois dans les forêts de la seigneurie de Mauny ; lesdits tuteurs et curateurs se disant « bien avisés et dûment informés du besoin et grande nécessité que ledit sous-âgé a, de présent, d'avoir et recouvrer chevance de deniers, tant pour s'acquitter des dettes de son feu père, — Guillaume Crespin, chevalier, sire de Mauny, — comme pour réparer et mettre en état dû ses maisons, manoirs, moulins et autres édifices et choses nécessaires pour ledit sous-âgé[2]. »

En 1388, Charles VI, pour alléger les charges de ses peuples, réduit le nombre des fonctionnaires ; espèce qui, dans les temps troublés, se multiplie ruineusement ; mais le Roi maintient dans leurs fonctions les maîtres des eaux et forêts de Normandie. [3]

Le dernier acte de Robert Assire est du 13 juillet 1389 ; il s'y qualifie « naguère maître et enquêteur des eaux et forêts du Roi notre Seigneur ; — le haut fonctionnaire a pris sa retraite après trente années de bons services. Il disparaît de la vie publique, et nous ignorerions l'année

---

[1] Maître des requêtes en 1403. — Robert d'Estouteville, sire d'Auzebosc, fut un des héros du Mont-St-Michel (1420-1423).

[2] *Preuves*, 68.

[3] *Preuves*, 69[2].

de son décès, si Dom Farin n'eût pris soin de relever son épitaphe dans le couvent des RR. PP. Cordeliers de Rouen : Robert Assire mourut dans cette ville en 1393, âgé d'environ 65 ans, et fut inhumé dans les galeries du cloître[1].

Les quatre dernières années de sa vie furent marquées par des alternatives d'allégresse et de deuil publics : la paix avec l'Angleterre, source de joie pour les peuples, les fêtes du mariage de Charles VI avec Isabeau de Bavière, source de calamité pour la France, les victoires remportées sur les rivages de Tunis, ravivant la vieille gloire des croisades et vengeant la mort du saint roi Louis IX ; l'assassinat tenté contre le connétable Olivier de Clisson ; le schisme continuant à désoler la chrétienté ; les désordres intimes de la Cour, présages de sinistres tragédies ; la guerre déclarée au duc de Bretagne, et tout à coup l'affreuse nouvelle de la démence du Roi !

Le loyal cœur de Robert Assire dut être navré ; sa vieille expérience entrevit sans doute la série de désastres qu'inaugurait ce fatal événement, et son patriotisme dut souffrir d'autant plus qu'il ne pouvait plus rien pour déjouer les complots et conjurer les catastrophes. Il avait assez vécu, et, comme les anciens preux,

> Ores pensant de son âme,
> Pryant Dieu que li pardoint,
> Il se coucha soubz la lame !...

---

[1] *Preuves*, 75.

PREUVES

2

1180, Caen. — *Compte de Robert de Montgommery :
Guillaume Assire.*

Anno Verbi Incarnati M° C° LXXX° apud Cado-
mum factus est rotulus iste... — Robertus de Monte
Gommery redd. compot. de remanente misericordia-
rum illorum qui interfuerunt duello Lexovii de noc-
te, scilicet :
De Widone de Boviler, XXV s.
De Gisleberto de Livet, X s.
De Ricardo de Logis, X s.
De Rogero de Casteler, X s.
De Ricardo filio Engel, X s.
De Hugone de Botemont, XX s.
De Durando de Blangeio, X s.
De Osberto de Blangeio, LXX s.
De Rogero de Maio, X s.
De Hugone de Livarrou, X lib.
De Roberto de Bosco, L s.
De Rogero de Sancto Silvino, XX s.
De Bartholomeo de Monte Gommeri, L s.
De Herberto Coiffier, XX s.

De Ricardo de Cultura, X s.
De Willelmo de Diva, X s.
De WILLELMO filio ASCIRE, X s.
De Reinoldo de Garlainmont, X s.
De Turoldo de Bosco, X s.
De Rogero Odone molendin, X s.
De Martino de Oileia, X s.
... Summa, CXVIII lib. XV s. In thesauro liberavit, et quietus est.

(Léchaudé d'Anisy, *Gr. rôles des Echiq., de Norm.*, p. *32*.)

2

1269, novembre, Paris. — *Enquête et sentence du parlement. — Feu Renaud de Sire-Fontaine.*

Inqueste expedite Parisius, in parlamento omnium sanctorum, anno Domini MCCLXIX... — Petebat Guillelmus de Friardel, miles, a domino Rege, sergenteriam de loutelerie [1], quam REGINALDUS DE SIRE-FONTAINE tenebat, tempore quo vivebat... que sergenteria, post mortem dicti Reginaldi, accidit hereditarie sororibus dicti Reginaldi, et, post decessum ipsarum,

---

[1] L'Hôtellerie, commune du canton de Lisieux, près Marolles, sur la limite des dép. du Calvados et de l'Eure (arrond. de Bernay.)

accidit similiter hereditarie Rogero de Molendino, ra-
cione uxoris sue, que erat matertera earum, quam sergenteriam cum aliis terris dictus Rogerus, vivente uxo-
re sua, vendidit Guillelmo de Friardel, militi, quon-
dam patri dicti Guillelmi, qui modo eam petit : de-
mum, inquesta super hoc facta de mandato domini
Regis, quia nichil fuit sufficienter probatum pro dicto
Guillelmo de premissis, pronunciatum fuit quod non
haberet idem Guillelmus sergenteriam predictam.

(*Olim*, t. I, p. *303*, n° II.)

3

1301-1302. — *Odoart Assire, écuyer du bailliage
de Rouen, est à l'ost de Flandres, au service du Roi.*

Roolle des chevalliers et hommes d'armes de N^{die}
quy feurent au camp et host des Flandres en lan
M.CCC. ung et deux [1] avec le Roy de France nostre

1 « Le Roi Philippes le Bel envoya des lettres, l'an 1302, au prévôt
de Paris, par lesquelles il lui mandoit et commandoit que tous
les non-nobles de la prévôté qui avoient la valeur de 100 livres
parisis en meubles, ou 200 l. p. en meubles et en héritages tout
ensemble, seroient contraints sans nul délai d'aller, à la quinzaine
de la Madelaine venant, à Arras en armes et en équipage de
guerre, pour servir à l'armée. — Le même Roi écrivit aussi,
l'an 1302, au bailli de Senlis que tous ceux qui avoient 200 liv.
tournois de rente, de quelque seigneur qu'ils pûssent tenir et re-

Syre, dressé par Me Guillaume le Chantre, escudier, sieur de Milly et thrésorier G^al de l'extraord^re des Guerres, et Messire Bertrand Gaston de Sandras, Chevallier, seigneur de Herlanges, Commissaire général des guerres. S'ensuict :

Gauthier de la Houssaye, chevallier et viconte de Beaumont, et Mychel et Rogier de la Houssaye escudiers.

Robert de la Houssaye, escudier, sieur d'Esturqueray.

Gerard de Cocquerel, chevallier, sieur de Morienne, baillye d'Aumale.

Engueran le Guesdon, baillye de Rouen.

Ricart Busquet, porte guydon de la baillie de Caulx, avec six escudiers et huit armeures de fer, taxé 200 l., tournoises.

Robert de Rotz, chevallier, porte guydon en la baillie de Caen.

Esmangard des Hays, chevallier, sieur de Hebertot, viconté de Pont l'Evesque.

lever, fûssent mandés d'aller à Arras, à la quinzaine de la Madelaine, en armes et en chevaux, prêts pour servir en la guerre de Flandres. Le bailli reçut d'autres lettres, l'an 1302, qui contenoient que tous les sujets de son bailliage, à quelque condition qu'ils tinssent 60 liv. de rente, fûssent avertis de se tenir prêts en hommes et en chevaux, selon leur état, à la quinzaine de la Madelaine, pour aller en Flandres, et fûssent contraints d'y satisfaire sans y manquer..... Le roi Philippes manda en 1303 au sire de Wargnies d'aller à Ouchy pour assembler et faire mettre en armes tous les nobles et non-nobles, de quelque condition qu'ils fûssent, depuis l'âge de 18 ans jusqu'à l'âge de 60.... Il n'y eut que les invalides qui en furent dispensés. » — (La Roque, *Traité du ban*, ch. x, p. 30.)

Ansbert de Marescot, chevallier, sieur de Formigny, baillie d'Aumale.

Guillaume de Bray, chevallier, porte guydon, sieur de Canteloup le Bocage, avec 6 escudiers et 8 armures de fer.

Robert de Hugleville, sieur de Malmains ; Gosselin de Tanquerel, sieur du Vaux roux, baillie de Rouen, porte guydon.

Hellyon d'Orival, baillie de Caux.

Gerard de Marescot, viconte et grant bailly des chastel et conté d'Aumasle.

Richard Crevel, chevallier, baillie de Caux.

ODOART ASSIRE, escudier, baillie de Rouen.

Raoulin de Guiot, sieur de Mesnil Guiot, baillie de Rouen.

Anselme de Marescot, sieur de Montfreulle sur Bahyeux. .

Olivier Achard, sieur du Bourg, baillie de Pont Audemer.

Guérin du Four ; Nicole de Argentan ; Anthoyne de Mauduict, porte guydon, avec 4 escudiers et 6 armures de fer : Hughes le Carbonnier, sieur de la Carbonnerye ; Raymond de Vauquelin, baillie de Falaize.

Bertrand du Buisson, chevallier, sieur de Saint-Aulbin, deux escudiers, 4 armures de fer et 125 l. tournoises, baillie de Caen.

Roderic des Hays, chevallier, guydon, sieur de Corquesne ; Guillaume de Flavigny, chevallier ; Taurin de Flavigny et Charles, escudiers de la baillie de Caen.

Marcel de Male Hortye, chevalier et porte guydon, 4 escudiers et 4 armures de fer ; Gontran de Male Hortye, sieur de Saint Paul sur le Pont Audemer ; Raoul de Grente, chevallier, sieur de Grente Mesnil, baillye de Coutances, et 10 escudiers de sa suite.

Mathieu de Brossart, escuyer, de la viconté de Caulx.

Bertrand de Guerin, escudier ; Martin de Gohier, chevallier, guydon ; Phelippes de Chambray, chevallier ; Robert de Beaunay, viconté de Caux.

Aymeric de Rocquigny, [viconté] de Caulx.

Robert Coste, sieur de Sannière, chevallier, guydon.

Dressé en douples escriptures au camp et host de Courtray ez Flandres en l'an susdict. *Signé :* Chantre de Milly ; *au debsoubz :* de Sandras. »

En tête est écrit :

« Olim des comptes, 1707. Extrait du Reg. des Actes sous sign. privées, vol^c 34, fol. 76 v°. case 9. »

Au bas est écrit :

« Bureaux de l'Enreg^t de Caudebec (Seine-Infér.) La présente copie cert'fiée conforme par le Receveur soussigné et délivrée à qui de droit, à Caudebec le 30 déc. 1871, Veyssière. Vu par nous, Maire de la Ville de Caudebec, pour légal. de la sign. de Mr Veyssière, Receveur, apposée ci-dessus. A Caudebec, ce 30 déc. 1871. Le Maire, Bailleul. » (Timbre de la Mairie de Caudebec.)

Le Soussigné, copiste-traducteur au Conseil Héraldique de France, certifie que le présent rôle des ann. 1301 et 1302 a été copié littéral^t sur une copie en parch.

appartenant à Mr Amédée du Buisson de Courson,
anc. Sous-Préfet, membre honoraire du Conseil Héraldique de France, dem^t au château des Planches-
sur-Amblie, canton de Creully, dép. du Calvados, et
à lui délivrée, dans la forme que dessus, au mois de
déc. 1871, par Mr Garet de Sainte-Catherine, héraldiste, dem^t à Caudebec, enreg. et légal. aud. lieu le
30 dud. mois.

Paris, le 22 Septembre 1884.

G. BERNOS.[1]

4

1311, octobre, L'Hôtellerie. — *Jean Domine, aliàs de
la Prairie, clerc, vend à Guy d'Harcourt, Évêque de
Lisieux, 25 sous tournois de rente sur tout son manoir,
dans les paroisses de l'Hôtellerie, de Saint-Hippolyte
de Canteloup et de Fontaines-Louvet.*

Noverint universi presentes et futuri q. ego JOHAN-
NES dictus DOMINE, alias de Praeria, clericus, vendidi et

---

[1] Mr A. du Buisson de Courson avait donné cette montre d'armes dans ses savantes *Recherches nobiliaires en Normandie*,
n° 183, pages 270-271 ; son texte portait « Odoart Assore ». Ce
nom ayant attiré mon attention, j'eus l'honneur de lui écrire pour
le prier de le vérifier à la source. De la communication qu'il voulut bien me faire de la copie authentique en sa possession, il appert qu' « Assore » est une faute d'impression : le texte porte net-
tement « Odoart Assire ».

concessi reverendo patri ac domino domino G. dei
gratia lexoviensi episcopo, viginti quinque solidos turon. vel monete equivalen. annui redditus dicto reverendo patri ac domino et successoribus suis annuatim
hiis terminis percipiend. et levand. videl. ad festum
sancti Remigii medietatem, et aliam medietatem ad
pascam domini, super totum manerium meum sicut
se extendit in longum et latum cum domibus etfundo
terre, sit in parrochiis de Hospitalaria, sancti Ypoliti.
de Cantulupi et de Fontibus Louvet, in elemosina et
feodo laicali, inter queminum quo itur ab Auribeco
ad pontem Audomari, ex una parte, et heredum Odo-
nis Forestarii et Johannis Sutoris, ex altera, et aboutat
ad queminum calciatum ex uno capite, et ad queminum quo itur ab Oleya apud Tibervillam ex altero, pro
duodecim libris et dimid. turon. de quibus dictus reverendus pater ac dominus michi pr. manibus satisfecit et de quibus me teneo penitus pro pagato, tenend.
atque hereditar. possidendum predicto reverendo patri ac domino et successoribus suis libere pacifice et
quiete sine impedimento mei vel heredum meorum
de cetero faciendo, salvo tamen jure dicti reverendi
patris ac domini et aliorum capitalium dominorum. Et
ego predictus Johannes et heredes mei predicto reverendo patri ac domino et successoribus suis predictos
XXV solidos, sicut predictum est, tenemur et de cetero tenebimur reddere et solvere annuatim terminis
supradictis, et eciam contra omnes ad usus et consuetudines Normannie garantizare et deffendere et ab
omnibus impedimentis erga omnes deliberare, vel si
necesse fuerit alibi in nostro proprio hereditagio me-

lius apparenti eisdem facere excambium equipolens. Et poterunt dicti reverendus pater ac dominus et successores sui super totum dictum tenementum suam plenariam justitiam exercere pro redditu supradicto et emenda nisi predictus redditus fuerit ad predictos terminos integre persolutus, in cujus rei testimonium sigillum meum apposui. Actum anno Domini Mº CCCº XIº mense octobr. testibus parrochiis supradictis.

(Bibl. de Lisieux, *Cartul. de l'Évêché*, fol. 243. — Extrait par Mr E. Haudard, instituteur à Prêtreville.)

5

1315, juin, L'Hôtellerie. — *Robert Domine* vend à Guy d'Harcourt, évêque de Lisieux, 20 sous tournois de rente sur deux masures de la paroisse de l'Hôtellerie.

Notum sit omnibus q. ego ROBERTUS DOMINE vendidi reverendo in Christo patri ac domino Guidoni de Haricuria, episcopo Lexoviensi, viginti solidos turon. annui redditus supra duas masuras quas habeo in parrochia de Hospitalaria, quarum una est sita inter manerium Johannis Fourquemin, ex uno latere, et manerium Roberti de la Praerie, ex alio, et aboutat ad queminum de Hospitalaria, altera masura est sita inter manerium GUILLELMI DOMINE, ex uno latere, et manerium Michaelis de la Praerie, ex altero, et aboutat supra queminum de Hospitalaria, pro novem libr. turon. de quibus michi pr. manibus satisfecit, percipiendos singulis annis supra masuras predictas duobus terminis, videlicet decem solidos ad nativitatem domini et decem solidos ad pascam, tenend. et habendum predictum redditum et singulis annis terminis supradictis percipiend. predicto patri et successoribus suis libere pacifice et quiete et sine aliquo impedimento mei aut aliqujus meorum in predicto redditu faciendo. Hanc autem vendicionem redditus supradicti ego Robertus predictus et heredes mei predicto patri et ejus successoribus tenemur et debemus garantizare et deffendere contra omnes ad usus et consuetudines Normannie, et alibi in nostra propria hereditate valore ad valorem excambiare, salvo jure alieno. Et quod hoc sit firmum et stabile in futurum, presentem cartam sigilli mei testimonio confirmavi. Actum anno domini M⁰ CCC⁰ XV⁰ die lune post festum sanci Barnabe apostoli, teste parrochia supradicta.

(*Ibid.*, fol. 242 v⁰. — Extrait par Mr E. Haudard.)

6

1355, 12 juillet, Mâcon. — *Jean Assistre (Assire),
écuyer de R. de Vire.*

La monstre Mons. Richart de Vyre chevallier et de

sept escuiers de sa compaign. rec. a Mascon du nombre et souz le gouvernement Mons. le Conte de Savoie le xij^e jour de juillet l'an mil ccclv.

Mons. Richart de Vire, chevallier.

Nicholot de Vensay.

Jehan de Chanlan.

Jehan de Vauchy.

Jehan Assistre.

Guillaume Chayne.

Rollet de Verssey.

Girart de Cholay.

(Clairambaut, *Tit. scell.*, vol. 114, p. 8931, orig. parch. — Voy. ci-dessus, page 38, note 3, ce qui est dit de cette dénaturation du nom d'Assire.)

7

1359, 15 septembre, Falaise. — *Robert Assire, vicomte de Falaise.*

A tous ceux qui ces lectres verront ou orront, Johan le Coustelier, prestre, garde du seel des obligacions de la viconté de Faloise, salut. Sachez que par deuant Robert de Montfort, [1] clerc, tabellion juré, fut

[1] En 1328, Philippe VI octroie à Robert de Montfort, chevalier, le droit de lever à son profit sur ses vassaux le subside ordonné pour la guerre de Flandre. « Donné es tentes delès Gonay le xiij^e

6

present Jehan de Sainte Marie, voiturier, qui cognut
auoir eu et receu de homme sage et pourueu ROBERT
ASSIRE, Viconte de Faloise, deux escus et demi pour
le sallaire de sa charete a trois cheuaux qui fu six jours
entiers, commenchant le XXVe jour de May CCCLIX
et finissant le IIe jour de jung ensuiuant pour amener
ou chastel de Faloise de dessouz la Trinité leau en un
gascoing dont len estaint la chaux qui fu mise et em-
ploié en l'ouurage de la hauche du mur d'entre la tour
la Royne et la roche du dongon et de la tour Rauenel
qui siet en ladicte espasse. Item cognut auoir receu
dudit viconte un escu et I quart pour la poine et salaire de sadicte charete pour III journees commen-
chant IXe jour de septembre et finissant le XIIe jour
ensuivant pour charroier de la maison de la buchiere
dudit chastel au lieu ou len maconnoit mortier et eaux
pour emploier oudit ouurage etc., des quelez sommez
il se tint pour bien poie et en quitta ledit viconte et
tous autrez a qui quittance en appartient. En tesmoing
de ce nous auons mis a ces lettres le seel dessus dit.
Fait le XVe jour de Septembre lan de grace mil ccclix.

R. Montfort.

(*Quitt.*, t. XI, N° 847, orig. parch. Sceau perdu.)

jour daoust lan de grace 1328. — Donné par copie soubz le seel
des oblig. de la vic. dauge. » *(Pièc. orig.,* doss. 46281, Montfort,
n° 2.)

8

*1359, 19 Septembre, Falaise. — Robert Assire, vi-
comte de Falaise.*

A tous ceulx qui ces lectres verront et orront, Johan
le Coustelier, prestre, garde du scel des obligacions de
la viconté de Faloise, salut. Sachez que pardeuant
Robert de Montfort, clerc tabellion juré a Cen, furent
presens Rogier Legrant, Thomas Baronet, Pierre le
Breton et Jehan de Sainte Marie, voituriers, qui co-
gnurent auoir eu et receu de homme sage et pouruu
Robert Assire viconte de Faloise, soissante et quatre escus ..... pour la poine sallaire et despens de eulx,
leur cinq charetez, et sept autrez que il quistrent, qui
furent en leur compaignie pour amener des sablon-
neres de Vascou ou chastel de Faloise trois cenz quatre vins quatre charetees de sablon prise et passé par
cloiz, cest assauoir entre le XIIIe jour de may CCCLIX
et le XXIIIIe jour dicellui mois IIe XX charetees et
outre le XVIe jour daoust et le XIIe jour de septembre
ensuiuant VIII^{xx} IIII charetées, lequel fu mis et em-
ploié en l'ouurage de la hauche du mur d'entre la tour
la Royne et la roche du dongon et de la tour Rauenel
qui siet en ladicte espasse. De laquele somme il se
tinstrent pour bien poiez et en quitterentledit viconte et
tous autres a qui quittance en appartendra. En tes-

moing de ce, nous auons mis a ces lettres le seel dessus dit. Ce fu fait le XIX⁰ jour de septembre l'an mil
CCCLIX.

R. Montfort.

(*Quitt.*, t. XI, Nᵒ 851. orig. parch. Sceau perdu.)

9

1359, 20 novembre, Falaise. — *Robert Assire, vicomte de Falaise.*

A tous ceulx qui ces lectres verront ou orront, Jehan le Coutelier, prestre, garde du seel aux obligacions de la viconté de Faloise, salut. Sachez que pardeuant Robert de Monfort, tabellion juré quant a ce
fu present religieus homme et honneste dant Gosseaume Torel, moine du Val, qui congnut auoir eu et
receu de homme sage et pourueu Robert Assire, viconte de Faloise, douze flourins a lescu comptés en
VIII moutons pour sa pencion ou sallaire davoir
esté garde et visiteur par sis mois et demi des macons
et autres ouuriers qui ont fait la hauche du mur du
chastel de Faloise qui fait la closture entre la tour la
Royne et la roche du dongon et aussi de la tour Rauenel qui siet en icelle espace, de laquelle somme il se
tinst pour bien poié et en quitta ledit viconte et pro-

mist deliurer enuers touz. En tesmoing de ce nous auons mis a ces lettres le seel dessus dit le xx⁰ jour de nouembre l'an de grace mil CCC cinquante et nuef.

R. Montfort.

(*Quitt.*, t. XI, N⁰ 885. orig. parch. Sceau perdu.)

10

1361, 14 juin, Falaise. — *Robert Assire, vicomte de Falaise.*

A touz ceuls qui ces lettres verront ou orront Jeh. Le Coustelier, prestre, garde du seel des obligacions de la viconté de Faloise, salut. Sachent que par devant Jehan Basset, clerc tabellion juré ou siege dExmes, fu present Guill. Pillet qui congnut auoir eu et receu de homme sage et pourveu Robert Assire, viconte de Faloise, cent soubz tourn. en monn. de XX s. pour franc, pour faire du bois du seigneur vint milliers descende sans doler et reparer, et icelui bois abattre et decouper par tronces, pour convertir et emploier en plus lieux ou chastel dExmes, de laquelle somme il se tinst pour bien poié et en quicta le dit viconte et touz autres. En tesmoing de ce nous avons

6*

mis a ces lectres le seel dessus dit lan de grace mil ccc lxj le xiiij^c jour de jung.

J. BASSET.

(*Pièc. orig.*, t. 114, doss. 2375, N° 2, parch. Sceau perdu.)

11

1362, 8 août, Caen. — *Robert Assire, vicomte de Falaise.*

Sachent touz que Je Robert Paistloue,[1] tresorier general es bailliages de Caen et de Cotentin de laide de V sous tournois pour feu pour trois mois octroié au duc mon seigneur pour le vuidement des anemis estans es parties de Normendie, congnois avoir eu et receu de homme sage et pourveu ROBERT ASSIRE, Vi-

[1] En 1354, Robin Paistloue est lieut. de J. de Lospital, clerc des Arbalét. du Roi. — En 1368, Robert Paistloue est « clerc et contre-roulleur ou grenier du Roy nostre sire estably à Caen », et, en 1369, « commissaire ou bailliage de Caen sur le fait de certaines provisions de vivres et autres choses necessairez pour le faict de ceste presente armée » ; en cette dernière qualité, il donne à Raoul Campion, « recepveur en la ville et viconté de Caen sur le faict des aides ordenez pour la delivrance du Roy Johan nostre seigneur que Dieu absoille », quittance de 600 fr. d'or ; son scel porte des armes parlantes ; l'écu est parti : au 1, une oie (oue) ; au 2, un berger (Paist l'oue). — (*Pièc. orig.*, doss. 49336, n°s 2-5.) Ce doit être la forme originelle du nom de Poilloüe.

conte de Faloise, la somme de deux cens livres tournois en blancs de XV tournois piece, comme ce que
le dit Viconte puet avoir receu du dict aide es sa dicte
viconté, de laquelle somme je quicte le dict Viconte
et len promet delivrer et acquicter envers tous. Donné
en tesmoing de ce soubz mon seel le lundi VIIIᵉ jour
daoust lan de grace mil trois cens soixante et deux.

J. Paistloue.

(*Quitt.*, t. XIV, Nᵒ 1375; orig. parch. Sceau perdu.)

12

1364, 27 juillet, Paris. — *Mandement de Charles V
à Robert Assire, vicomte de Falaise, et autres officiers
royaux.*

« Charles, par la grace de Dieu roy de France, a
nostre amé et féal tresorier Aidmart Bourgoise, salut. Nous envoyons noz amez et feaux chevaliers et
consilliers Pierre domont[1], nostre chambellan, et
Phelippe de Troismons,[2] nostre consillier, par de-

---

[1] « P. Domont, chevalier, chambellan du Roy », reconnaît, le
12 oct. 1375, avoir « receu de honnorable homme et sage S. de
Baigneux, vic. de Rouen, la s. de 250 l. t. sur ce qui nous est deu
sur la dicte viconté au terme de la Sᵗ Michiel derrain pass. » —
Domont portait : « d'azur à 2 gryphons d'or rampans sur un ro-
cher de mesme. » *(Pièc. orig.*, Domont, nᵒˢ 12, 5.)

[2] Ph. de Troismonts, chevalier, cons. des rois Philippe VI,

vers nostre tres chier et amé cousin le duc de Bretaigne pour certaines besoignes qui touchent nous et nostre royaume. Si vous mandons que tous les deniers quilz vous requerront à eux estre bailliez de vos receptes, tant ordinaires comme extraordinaires, vous leur bailliez tantost et sanz delay, ces lectres veues, soit par emprunt ou autrement, et mandez à noz vicontes de Caen, de Bayeux, de Coustances, de Vire et de Faloyse que semblablement il leur baillent tous les deniers de leurs receptes, tant ordinaires comme extraordinaires...

Par le Roy,

François.

(*Chartes royales*, t. VI, N° 17, orig. parch. — L. Delisle, *Mand. de Charles V*, N° 58).

Jean II et Charles V, avait déjà rempli des missions importantes : en 1347, auprès des rois d'Espagne, de Castille et de Portugal, et, en 1357, de la part du Régent, auprès de son frère le comte de Poitiers, « pour certaines grosses besoignes touchans lonneur et proffit du royaume ». En 1356, il était « gouverneur general du subside de X sols pour feu, ottroié a Mons. le duc de Normandye, pour le faict de ses guerres, es bailliages de Caen et de Costentin ». Le 16 janv. 1361, il donna à Aimar Bourgoise, vic. de Caen, une quitt. de sept vingts moutons d'or, dans laquelle il dit : « Et le dit V^e jour de nouembre (1360) je parti de Caen pour aler par devers nostre dit seigneur (Jean II), a son joyeux rettour en France. » — Les descendants de ce haut seigneur étaient, en 1557, docteur en médecine à Caen, et, en 1580, garde du scel du présidial de cette ville. (*Pièc. orig.*, Troismonts.)

13

1366, 31 mars, Paris. — *Mandement de Charles V
à Robert Assire, vicomte de Falaise.*

Charles par la grace de Dieu Roy de France. Au
Viconte de Faloise ou a son lieutenant, salut. —
Comme Robert Vion, dit le Baoust, tiengne de nous
nuement et franchement par hommage le fieu et la
terre appelé de Punelle en la dite viconté, laquelle
terre pour raison de soubzaage a esté par certain temps
et soit encore en nostre garde. Et le dit Robert se soit
trait par devers nous pour nous faire hommage a cause
dudit fieu comme aagié. Savoir te faisons que nous
le dit Robert avons mis et mettons de grace especial
par ces presentes en souffrance de nous faire le dit
hommage, du jour de ces presentes jusques a un an
ens. Si te mandons que pendant le dit temps, pour
raison du dit hommage a nous non fait, on ne le con-
traignes ou molestes en aucun maniere, maiz de sa dite
terre et fieu le fai et laisses joir et user paisiblement.
Donn. à Paris le darrenier jour de mars lan de grace
mil CCC soixante et cinq, et de nostre regne le secont.

Par le Roy,

G. Gontier.

(*Pièc. Orig.*, Vion, N° 1. — L. Delisle, *Mand.*,
N° 294).

14

1366, 13 avril, Paris. — *Mandement de Charles V aux baillis de Rouen et de Caen, et à Robert Assire, vicomte de Falaise.*

A tous ceuls qui ces lectres verront ou orront, Joh. le Cutelier, prestre, garde de scel des oblig. de la vic. de Faloise, salut. Sav. faissons que Guille Pron, tabellion juré ovecques Guillebert Postel, ensem^t juré, nous a tesmoignié que il a veu et leu de mot en mot une lectre saingne et entiere en scel en escripture cont. la fourme qui ensuit.

Karolus dei gr^a francorum rex, baillivis Rothomagen. et Cadomen. Vicecomiti Falesie ceterisq. just. nostris aut eorum loca ten salutem. Sinificamus vobis q. Colinus de Coursella, armiger, nobis fecit hommagium pro omnibus tenementis que vel quod habet ei competere possit in vestris bailliviis, ad quod hommagium nos eumdem armigerum admisimus, nostro et alieno in omnibus jure salvo, mandantes vobis cuilibet operat. dictum armigerum occasione dicti hommagii nobis non facti de premissis de cetero non molestetis aut molestari permittatis quoquomodo. Et si quid de suo saisitum vel impeditum est, hoc eidem reddi et restitui faciatis indilate. Dat. Par. xiij die

aprilis anno domini millesimo CCC sexagesimo sexto
et regni nostri (tertio).

Per Regem,

Gontier.

En tesmoing de laquelle chose nous avons mis à
ces lectres le scel dessus dit, sauf autre droit, le XXX⁰
jour de sept. lan mil ccc sexante et oitt.

G. Pron.

(*Chartes Roy.*, t. VI, n° 84, parch. Sceau perdu. —
Le texte vidimé est défectueux.)

15

1366, 25 avril, Falaise. — *Robert Assire, vicomte de
Falaise.*

A tous ceulz qui ces lettrez verront ou orront, Joh.
durville, connestable et lieuten. de noble homme
mons. Joh. Martel [1], chevalier, chastell. de Faloise,
salut. Sachent que a la requeste de Robert Assire, viconte de Faloise, jay fait veoir et visiter, veu et visité
en personne les ouvraiges contenus et divisez ou
roulle auquel ces presentes sont annex. Et ay trouvé

[1] Voy. ci-après le n° 46.

par le rapport de macons, charpentiers et autres ouvriers et autres personnes soy cognoiss. en telles choses, que elles sont faites et parfaites bien et deument
selon les devis et de la matière contenue ou dit roulle.
En tesmoing de ce jay scellé ces lettres de mon scel le
XXVe jour davril lan mil CCCLX et six.

(*Pièc. orig.*, Urville, n° 5. — Contrairement à
l'énoncé du constat, le sceau est celui de R. Grésille,
élu au dioc. de Séez.)

16

1366, 15 mai, Paris. — *Mandement de Charles V.
— Robert Assire, vicomte de Falaise, élu par le Roi
sur le fait des aides à lever, dans le diocèse de Séez,
pour la défense du royaume.*

Charles, par la grace de Dieu roy de France, au
recepveur des aides ordonnees de lever pour le fait de
la provision et deffense du royaume ou dyocese de Sez,
Salut. Nous vous mandons que à Jehan duruille, prestre, et ROBERT ASSIRE, viconte de Falaise, esleus de par
nous sur le fait des dictes aides ou dit dyocese de Sez,
vous bailliés et delivrés des deniers de vostre recepte,
pour cause de leurs gaiges du temps quils ont esté
esleuz sur le dit fait ou dit dyocese et quils y ont en-
tendu, pour lannée passee fenissant ou moys de de-

cembre dairrenierement passé, cest assavoir à chascun d'eulz soixante frans dor, ou la valeur, et gardés que en ce nait aucun deffaut... Donn. a Paris le 15ᵉ jour de may lan de grace mill iiijᶜ. soixante six.

CHARLES R.

Par le Roy, à la relacion de Mess. les general℈ esleu℥ sur le fail de la provision et défense du royaume.

J. DE LA ROCHE.

(*Chartes Roy.*, t. VI, nᵒ 88, orig. parch. — L. Delisle, *Mand,*. nᵒ 306.)

17

1366, 8 octobre, Caen. — *Mandement du bailli de Caen à Robert Assire, vicomte de Falaise.*

Robᵗ de Wargniez [1], chevalier, conseiller du Roy nostre s. et son bailli de Caen, au viconte de Faloize ou a son lieuten. salut. Nous avons receuez les lectres du Roy notre s. escript. a Paris le second jour doctobre derr. pass. fais. mencion que nous façons assav.

---

[1] R. de Wargnies, bailli de Caen dès 1356, devint capitaine et châtelain de cette ville vers 1369, et eut pour successeur au bailliage Renier le Coutelier. (*Pièc. orig.*, Wargnies, num. 2, 13, 16.)

aus gens de nostre baillage par tout là ou mestier
sera que chasc. deulx se tienge sur sa garde et que
eulx facent tout retraire es forteresces et especial-
ment touz vivres et que nous visitons les bonnes villes
les chasteaulx et les autres fors de nostre baill., et se
il y a nulz petiz et fleibez ou autres fors qui ne se
puiss. garder ou donc dommage peust venir au pais,
que nous le façons tantost abatre et demolir, et les
autres qui sont profittables a tenir et garder, len les
face appareiller et garnir de tout ce que mestier sera
pour la garde et seurté diceulx, et que len die aus
gens des bonnes villez et des autres forteresces tenables quil facent bon gait jour et nuyt tellement que
par traison ou autr. ilz ne puiss. estre sourprins. Pour
quoy nous vous mandons et a chasc. de vous que
tantost et sanz aucun delay vous facez faire et ac-
complir par toutes les villez chasteaulx et forteresces
de vostre viconté les commandemens, deffences et
autres choses cy dessuz conten. tellement que par
vostre deffaut peril ne dommage nen puiss. venir
au pais. Donn. a Caen le viij^e jour dott. lan mil
ccclxvj.

En marge, d'une autre écriture du temps:
« Rec. par mess. J. durville le IXe dott. ccclxvj. »

(*Quitt.*, t. XVI, nº 314, orig. parch. Sceau perdu.)

18

1367, 24 mai, Rouen. — *Mandement de l'Echiquier à Robert Assire, vicomte de Falaise.*

De par les Genz ten. lesch[r] de pasques a Rouen lan mil ccclxvij.

Viconte de Faloize, Nous et pour certaines causes avons mandé et commiz à Guill[e] Droue, Thumas du Bosc, Clayes Haghebart, Guill[e] Sandré, Jehan du Quesne, Robert de Hatentot et Robert de Saint Quentin, que en quelconques lieu quil pourront trouver ou duché de Normendie, hors lieu saint, mess. Jehan de Tilly, chevalier, sire de Chambay [1], ilz le prengnent avecques tous ses biens par inventoire et le amainent prisonnier a Rouen, et que vous leur bailliez deniers raisonnablement pour fere leurs despens et les mises pour ce necessaires, sicomme par les lectres que sur ce leur avons baillié vous pourra plus a plain appa-

---

[1] Il était fils d'Henri de Tilly, impliqué en 1343 dans le procès de God. d'Harcourt, et dont les biens avaient été confisqués. Philippe VI, par lettres du 12 juillet 1343, rendit aux enfants d'H. de Tilly le revenu de ses biens. (L. Delisle, *Hist. de St-Sauveur*, n° 69.) J. de Tilly, chevalier, sgr de Chambay, donna quitt. des gages de sa comp. les 28 mai et 20 juillet 1356. En 1361, il donne quitt. de la pension que lui fait le roi de Navarre. *(Pièc. orig.*, Tilly, n°s 2, 3.) En 1369, il est le lieutenant de Jean de Grailly, captal de Buch, bailli de Rouen, le terrible partisan du roi de Navarre. *(Quitt.,* t. XVII, n° 737.)

roir. Si vous mandons et enjoingnons estroitement de
par le Roy nostre s. que par vous en vostre personne
et par touz voz sergenz et autrement par toutes les
meilleurs voies et manieres que vous pourrez et sau-
rez, vous les aidiez, confortez, compaigniez et con-
scilliez dilig. et telement quil nait deffaut en la prinse
dess. dicte, et leur bailliez deniers pour ce fere selon
le contenu du dit mandement, et avecques ce vous
meismes nous apportez ou envoiez feablement soubz
vostre scel toutes les escriptures que vous avez et
pourrez avoir touch. lacort fait par devant vous entre
le dit chevalier et Jehan Lesveillié, et gardez comment
quil soit quil ny ait deffaut par vous, car se il y estoit
vous en seriés puniz griefment. Escript ou dit esche-
quier le xxiiij^e jour de may lan dess. dit.

Au dos est écrit :

« Au viconte de Faloyse ou a son lieuten.

« Pour le Roy. »

(*Quitt.*, t. XVI, n° 382, orig. parch. Sceau perdu.)

19

1367, 6 juin, Falaise. — *Robert Assire, vicomte de
Falaise.*

A touz ceuls qui ces lettres verront ou orront, Johan le Coustelier, prestre, garde du seel des obliga-

cions de la viconté de Faloise, salut. Sachent que par deuant Robert de Monfort, clerc tabellion juré ou siege de Faloise, fut present Pierre le Hursin [1], qui cognut et confessa auoir eu et receu de homme sage et pourueu ROBERT ASSIRE, viconte de Faloise, la somme de vint quatre soulz tournoiz pour ses despens et salaire de deux jours es quiex il vaca en la compaignie de Guillaume Droue et Guillaume Sandre, sergent darmes, pour les condire et aidier au fait que il auoient a faire contre Messire Jehan de Tilly, cheualier, seigneur de Chambay, lequel Pierre ledit viconte leur bailla pour ce faire, delaquelle somme ledit Pierres se tinst pour bien poié et en quitta le Roy nostre sire ledit viconte et touz autres. En tesmoing de ce nous auons mis a ces lettres le seel dessus dit le IIe jour de Juing l'an de grace Mil CCC soixante sept.

R. MONTFORT.

(*Quitt.*, t. XVI, n° 389, orig. parch. Sceau perdu.)

---

[1] P. le Hursin était le lieut. du vic. de Falaise. On le voit, en 1370, receveur au dioc. de Séez des aides de guerre ; en 1375, vicomte et receveur de la vic. et terre de la Querneille pour noble et puiss. prince Mons. le comte d'Harcourt ; en 1384, lieut. en la vic. de Falaise des maitres des eaux et for. du Roi, et se retrouvant par ainsi sous les ordres immédiats de R. Assire, alors maitre des eaux et forêts ; en 1385, receveur des aides de guerre ès cité et dioc. de Séez ; en 1390, garde du scel des oblig. de la vic. de Falaise. Son scel porte un écu à un chevron acc. de 3 billettes. (*Pièc.orig.*, le Hursin, num. 2-7, 10.)

20

1368, 2 juin, Falaise. — ROBERT ASSIRE, *vicomte de Falaise.*

A tous ceux qui ces lectres verront ou orront, Joh. le Coustelier, prestre, garde du seel des obligacions de la viconté de Faloise, salut. Sachent que par devant Robert de Montfort, clerc, tabellion juré ou siege de Faloise, fu present Johan Neel [1], procureur de noble homme et puiss. mess. Olivier de Clicon, chevalier, sire du Tuyt, qui congnut et confessa avoir eu et receu de homme sage et pourveu ROBERT ASSIRE, viconte de Faloise, Cest assavoir la somme de cent livres tourn. de la quelle somme le Roy nostre S. avoit fait don au dit chevalier a prendre sur les arrerages de la garde de loir au sire de Clinchamp, et dont le dit procureur ou non comme dessus se tint pour bien poié et de ce quitte le Roy nostre S., le dit viconte et tous autres a qui il appartient. En tesmoing de ce nous avons mis a ces lettres le seel dessus dit le

---

[1] Peut-être un Néel se trouva-t-il, en 1423, à la défense du Mont-St-Michel ; mais le nom de NEL, inscrit sans prénom dans la liste partiellement fruste des héroïques défenseurs, peut être la finale de « Paynel », ou « Enfernel », *aliàs* Enfernet, aujourd'hui Amphernet, deux des noms les plus illustres de la chevalerie Normande.

vendredi secont jour de juing lan de grace mil ccclxviij.

(*Chartes Roy.*, t. XVII, n° 507, orig. parch. Sceau perdu.)

21

1368, 7 juillet, Caen. — *Mandement du bailli de Caen à Robert Assire, vicomte de Falaise.*

De par le bailly de Caen. Au viconte de Falloize ou a son lieut. salut. Savoir vous faisons que cest venredi vij^e jour de juillet nous avons receu certaines lectres du Roy nostre S. touchant lestat de luy et de tout son pais, pour quoy nous vous mandons et estroitement enjoignons sur la foy et loyauté que vous avez au roy nostre S. que tantost et sans delay, ces lectres veues, vous envoiiés plus^s sergens par vostre viconté pour adjourner tous lez seigneurs, chievetains et capp^{nes} de fors de vostre viconté pour estre devant nous a Caen cest juedi prochain ven., pour oyr le contenu es dictes lectres et ce que nous leur vaurons dire sur paine destre tenu rebellez et desobeiss., en metant tout leur temporal en la main du Roy nostre S., se de ce sont deffaill. Donné a Caen le venredi vij^e jour de juillet lan mil ccclxviij. Et avecques ce vous ou vostre lieu ten. y soiez, et ce

vous enioingnons et pour cause. Donn. en lan et jour
dess. dis.

(*Quitt.*, t. XVII, n° 523, orig. parch. Sceau du
bailli de Caen, en cire verte sur queue de parch. Dans
le champ, un château héraldique, c. à. d. à 3 tours.)

22

1368, 5 août, Paris. — *Mandement de Charles V à
Robert Assire, Vicomte de Falaise.*

Charles, par la grace de Dieu roy de France, au viconte de Faloise ou a son lieutenant, salut. Comme,
soubz umbre des derraines ordenances faites sur les
revocacions des domaines royaulz, et par mandement
de noz amez et feaulz les gens de noz comptes a Paris,
tu eusses mise en nostre main la sergenterie fieuffee
au Breton, et par ceu maistre Guillaume de la Ro-
siere, soy disant icelle sergenterie a lui appartenir a
cause de heritaige par la succession de son pere et
frere ainsné et autres ancesours, lequel pere lavoit
conquise de Jehan le Breton, si comme il disoit, eust
depuiz dit et maintenu qne lui et ses predecessours en
avoient joy paisiblement de si lonc temps quil nest
memoire du contraire... Nos dictes gens, considerees
les deposicions de pluseurs tesmoings non reprou-

chiez, ont dit et desclairié le dit empeschement mis
de par nous en la possession de la dicte sergenterie
devoir estre ostez du tout, et icelle possession resta-
blie et restituee a plain au dit maistre Guillaume;
pour quoy nous te mandons que, tantost et sanz delay, tu la possession et saisine de la dicte sergenterie
restitue et restabliz au dit maistre Guillaume... — *Par
le Conseil estant en la Chambre des comptes :*

JOHANNES.

(*Chartes Roy.*, t, VI, n° 136, cop. du 18 avril 1369.
— L. Delisle, *Mand.*, n° 461.)

23

1368, 30 août, Falaise. — *Robert Assire, vicomte de
Falaise.*

A tous ceux qui ces lettrez verront ou orront, Johan le Coustelier, prestre, garde du sel des obligacions de la vicanté de Faloise, salut. Sachent que pardeuant Johan Basset, clerc tabellion juré ou siege
dExmes, furent presens Gieffroy Eudeline, Geruais le
Frere et Guillaume Auxdis, maçons, qui congnurent
et confesserent auoir eu et receu de homme sage et
pourueu ROBERT ASSIRE, viconte de Faloise, la somme
de dix huit frans d'or pour auoir fait ou chastel
dExmes derriere la chapele enuiron deux perches de

mur qui estoit cheu par haut et escorchié et cheu en
une perche de haut et pour y trouver tuitte matiere
de chaux et sablon. De la quelle somme les dis macons se tindrent a bien poiez et en quitterent le Roy
nostre Sire ledit viconte et tous autres. En tesmoing
de ce nous auons mis a ces lettres le seel dessusd. le
penultime jour daoust MCCCLXVIII.

J. Basset.

(*Quitt.*, t. XVII, n° 551, orig. parch. Sceau perdu.)

24

1368, décembre. — *Simonnet Thaulemer, clerc de
Robert Assire, vicomte de Falaise.*

... viconte de Caen et commiss. du Roy nostre
s. A Colin Coquet, sergent de la viconté de Faloise
ou sous sergent en commect. semest. est et lun non
attend. lautre, salut. Jehan [de la Moricere] nous a
presentèes les lectres de grace de nostre dit signour, a
lui donnés, desquelles la tenour enss. — Charles, par
la grace de Dieu roy de France, au viconte de
Caen..... Johan de la Moricere [1] le jeune nous a
monstré en compt. disant que Robt de Montfort, soy
portant comme lieuten. et commiss. du baillif de
Caen, lui a fait plus^s tors griefs et..... en la pour-

---

[1] Ou peut-être « la Moricerie ».

suite dune execucion sur lui requise par Symonnet Thaulemer [1], clerc de ROBERT ASSIRE, viconte de Faloise..... decembre lan de grace mil ccclx et huit et de nostre regne le quint..... ... — Donn. le xvij[e] jour daoust l'an mil ccclxix.

J. RINGUEL.

Coll[on] faite : J. MONFORT.

(*Chartes Roy.*, t. VI, n° 137, orig. parch. Sceau perdu; plusieurs déchirures. — L. Delisle, *Mand.*, n° 470.)

25

1369, 24 juillet, Caen. — *Mandement du bailli de Caen à Robert Assire, vicomte de Falaise.*

Renier le Coutelier [2], bailli de Caen. Au viconte de Faloise ou a son lieuten. salut. Comp[t] se sont a nous plus[s] et grant quantité de gens disans que se toutez manierez des mestiers ne se cessent pour aler

---

[1] *Aliàs* Tollemer, famille de Norm., portant d'azur à 3 trèfles d'or. (*Pièc. orig.*, t. 2851, doss. 63323.)

[2] Renier le Coustelier, écuyer, fait montre de ses gens d'armes, à Pontorson, et donne quitt. de ses gages et de ceux de sa comp. en 1356 et 1357. En 1364 et 1366, il est « clerc du Roy et son viconte de Baieux, recepveur sur le fait ordené pour le vuidement des ennemys occupanz ad present le pais de Costentin ». (*Pièc. orig.*, le Coustelier, n°s 7-11, 15, — et Bardoul, n° 13.)

cuillir les blés qui sont sur le pais, iceulx pourroient demourer et pourrir sur les terres, se pourveu ny estoit, et pour ce, en consideracion aux choses dess. dictes, ait esté ordonné par le conseil et procureur du Roy nostre S. et par plus⁵ autres sages que toutes manierez de ouvriez de laine et de vordes cesseront et seront contrains a aler cuillir les dis blés enla maniere que dess. par leur paiant leurs journ. raisonn. Si vous mandons et enioingnons estroittement que vous faciés crier par touz lez lieux de la dicte viconté que icelles ouvres cessent et que lez ouvriez voisent as dis blez cuillir comme dit est. Et se vous trouvés aucun qui face le contraire, si en envoiés les corps emprison et le faictes sanz aucun deff. Donné a Caen le xxiiij^e jour de juillet lan mil ccclxix. »

(*Quitt.*, t. XVII, N° 732, orig. parch. Sceau du bailli de Caen ; dans le champ, un château héraldique.)

26

1369, 3 octobre, Beaumont-le-Roger. — *Mandement de la chambre des comptes de Paris au bailli de Beaumont-le-Roger, relatif à Robert Assire, ex-vicomte de Falaise.*

A tous ceulz qui ces lectres verront, Quentin Co-

chet, [1] bailli de Beaum. le Rog. et Ph{c} Bretel, viconte
du lieu, salut. Savoir faisons que lan de grace mil
ccclxix le tiers jour doctobre, Nous receusmes unes
lectres closes de nos redoubtés seigneurs noss. de la
chambre des comptes du Roy nostre S. a Paris, a
nous presentees par Guillaume Ernault, touchans le
fait de ROBERT ASSIRE, nagueres viconte de Fallaise,
et ce certiffions nous a tous par ces presentes. En tesmoing de ce nous avons mis a ces lectres le petit seel
aus causes dont chascun de nous usons en son dit
office. En lan et en jour dess. dis.

(*Quitt.*, t. XVII, N⁰ 766, orig. parch. Sceaux perdus.)

27

1369, 3 octobre, Falaise. — *Inventaire des biens de
Robert Assire, ex-vicomte de Falaise, en présence de
sa femme et de son fils.*

Le tiers jour dottobre ccclxix.

Inventoire des biens ROBERT ASSIRE, nagueres viconte de Failloiss. Premier{t}.

Trois lis fournis de draps et couvertures dont deux
des couvertures sont de deux petites sarges et une
courte pouainte blanche.

[1] En 1372, Q. Cochet était vicomte de Vire. (*Quitt.*, t. XX,
n⁰ 1345.)

Item deux chapperons doubles, j a homme et lautre a fame.

Item une penne de gros ver esportee ovec uns pouaignes de le tich.

Item sept piech. de doublies, sis piech[2] de touailles de double touaille ovec trois touaill. petit.

Item deux hanas darg. et chint cuilliers que la fame [et loir][1] dudit Assire dit estre au viconte de Rouen, [2] qui ne sont pas comprins en la vend.

Item quatre hanas petis cuilliers.

Item trois pere de draps en lit grans dont il ya une pere de trois tell. et deux pere de deux toilles et demie.

Item quatre pere de deux toilles.

Item deux pere de toille et demie.

Item chinc pere de petis draps allans par hostel de toill. et letterie.

Item lestat de la fame dudit Assire, cest ass. une coste hardie fourree dune pengne de gris esportee ovec j court surcot, dont lescript de dess. fait mencion, ovec j cote hardie que len fait pour la dicte fame.

Item treze escuelles destain, quatre plas, trois pos, deux [*un mot fruste*] et deux saillieres destains.

Item deux petis pos de cuivre.

Item quatre poielles darain, dont il ya une grant, une menue et deux petetes.

Item j bachin et un bouilleur.

---

[1] Ces deux mots sont ajoutés en marge, de la même main.
[2] Simon de Baigneux.

Item deux petis pos darain.

Item six liv. t² de rente qui sont ass. a Brione et Vitotel, deus a la. . . . . acause de la fame dudit Robert.

J. FRISON.

..... lequiel inventoire dess. dit fut fait en presence de nous Quentin Cochet, baill. de Beaumont, et par nous Phe Bretel, viconte du lieu, en la presence de Johan Frison, tabellion dudit lieu, signé dess. Donné en lan et en jour dess. dis.

(*Quitt.*, t. XVII, nº 765, orig. parch., fruste en partie.)

28

« 1370. Le roi Charles V donne à Pierre II, comte d'Alençon et du Perche, la châtellenie et le château de Touques, avec les revenus de la vicomté d'Auge. Le Roi y ajoute une partie de la baronnie de Montpinçon, et nomme ROBERT AZIRE [1], vicomte d'Auge,[2] pour son commissaire. »

(L. du Bois, *Hist. de Lisieux*, t. I, p. 126.)

[1] Lecture fautive du nom d' « Assire » ; ce que prouvent incontestablement les actes qui précèdent et qui suivent.

[2] La vicomté d'Auge et celle de Pont-Authou furent réunies dans la main de R. Assire. Voici les vic. d'Auge dont j'ai trouvé

29

1371, 21 mars, Paris. — *Robert Assire, vicomte de Pont-Authou, [1] commissaire du roi Charles V.*

Les gens des comptes du Roy nostre seigneur a Paris, au viconte de Falloise salut. Nous vous mandons que a ROBERT ASSIRE, viconte du Pontautou, lequel nostre dit seigneur envoie a Falloise et a Exmes pour le fait touchant lassiette de ij^m l. de terre qui doivent estre assis aux contés d'Alençon et du Perche en la chastel^ic dExmes et auprès dicelle chastel^ic, vous baillés et délivrés, des deniers de vostre recepte passee ou avenir, la somme de cinquante frans dor pour faire ses despens ou dit voiage, en prenant de lui lectres de recongnoissance de ce que baillié lui aurés pour la dicte cause, pour lequel rapportant avec ce pre-

des actes : 1338, G. de Longueil ; 1362, Ancel de Boucainvilliers 1370-1377, R. Assire ; 1377, J. le Diacre ; 1387, G. le Diacre ; 1391,; 1401, G. de Longueil ; 1403, Massot du Boulay ; 1434, J. Néel ; 1437, 1454, Olivier Néel ; 1456, Jacq. Courtois ; 1460, P. Feularde.

[1] La vic. de Pont-Authou eut d'abord un vicomte particulier ; dans la suite, elle fut placée sous l'autorité soit du vic. d'Auge, soit du vic. de Pont-Audemer. Voici ceux de ses vic. dont j'ai trouvé des actes : 1366, R. du Mont, vic. de Pont-Authou ; 1370-1377, R. Assire, en même temps vic. d'Auge ; 1377, Richard de Brumare ; 1381, 1392, J. des Wis, en même temps vic. de Pont-Audemer, comme les suivants ; 1411, J. Petit ; 1435, Th. Lodyngton, anglais ; 1449, 1460, R. le Gras.

sent mandement, ce vous sera alloé en vos comptes. Escript a Paris le xxj[e] iour de mars mil ccclxx.

(*Pièc. Orig.*, t. 114, doss. 2375, N° 3. parch. Traces de 5 cachets en cire rouge.)

30

1371, 24 avril, Falaise. — *Robert Assire, Vicomte de Pont-Authou, commissaire du roi Charles V.*

Sachent tous que je ROBERT ASSIRE, viconte du Pont Autou, commissaire du Roy nostre s. sur le fait de la presie de ij[m] livr. de terre, lesquelles nostre dit seign. est tenu faire bailler et asseoir a nobles et puissans mes seignours les contes d'Alençon et du Perche en la chastellenie dExmes et autrepart auprès de la dicte chastellenie, Cognois avoir eu et receu de homme sage et pourveu Ranan le Moyne [1], viconte de Faloise, par vertu de certain mandement de noz seignours des comptes a lui adreché, la somme de cinquante frans dor pour faire mes despens ou fait et voiage de ma dicte commission, de laquelle somme de L. frans je ne tien a bien poié, et en quitte ledit vi-

---

[1] En 1379, Renan le Moine, vic. de Falaise, était élu au dioc. de Séez sur le fait des aides pour la guerre Peut-être fut-il père de J. le Moine, vic. de Rouen en 1441 et 1447. (*Pièc. orig.*, doss. 45409, le Moine, n°s 10-12, 30-51.)

conte et len promet delivrer envers tous, tesmoin ceste lectre seellée du seel de mon dit office. Donn. a Faloise le xviiij^e jour davril lan mccclx et onze.

Assire.

(*Ibid.*, N° 4, orig. parch. Sceau perdu.)

31

1371, 28 mai, en nostre chastel du Louvre lez Paris. — *Mandement de Charles V à Robert Assire, vicomte d'Auge et de Pont-Authou.*

..... Aujourduy est venu par devers nous nostre amé chevalier Jehan de Hotot,[1] et est entré en nostre foy et hommage dun fieu appellé le fieu de Vassy, quil a et tient de nous en la dicte viconté, en la paroisse de Hotot, aux quiex foy et hommage nous lavons receu, sauf nostre droit et lautrui.

Par le Roy,

J. de Vernon.

(*Chartes Roy.*, t. VII, N° 219, cop. du 27 avril 1372. — L. Delisle, *Mand.*, N° 778.)

[1] Jean, sire de Hotot, chevalier bach., fait montre de sa comp. d'écuyers en 1386 et 1387. Son scel porte un écu à la fasce acc. de 4 aiglettes, 2 en chef et 2 en pointe. (*Pièc. orig.*, Hotot, n°s 8-19.)

32

1372, 27 déc., Paris. — *Ordre de lever en Normandie une imposition de 40,000 francs pour la reprise de
Saint-Sauveur. — Robert Assire, vicomte d'Auge.*

Charles, par la grace de Dieu roy de France, a noz
amez et feaulx les evesques de Baieux et de Coustances, noz conseillers, maistre Thomas Graffart, [1] nostre
secretaire, archediacre dAuge, Raoul Paynel, [2] chevalier, cappitaine de Coustances, Jehan Martel, chevalier, cappitaine de Faloise, les baillifs de Caen
et de Coustentin, Raoul Campion, [3] nostre receveur

[1] Le 19 mars 1372, « Th. Graffart, clerc et secretaire du Roy et
commissaire d'iceluy seigneur es baill. de Caen et de Costentin
sur le fait des empruns de nouvel ord. pour la tuicion et deffense
du royaume », donne quitt. des gages de son office à Raoul
Campion, receveur gén. en la basse Normandie. Le 16 déc. 1373,
il reçoit du Roi un don de 200 fr. d'or, « pour cause de la despense de luy et de ses gens faite en deux voiages quil a faiz de
nostre commandement ». Nouveau don de 200 fr. d'or, le 18 avril
1379. (*Pièc. orig.*, Graffard, num. 2, 3, 6, 7.)

[2] D'une des plus anciennes races de la chevalerie normande. Il
était dès 1366 garde et capitaine de Coutances, aux gages de
200 fr. d'or par an. Il mourut avant le 27 oct. 1379, et eut pour
successeur dans sa charge Nicole Paynel, chevalier. (L. Delisle,
Mand., num. 368, 713, 717, 1861.) Mgr Nicole Paynel, chevalier,
défendit le Mt-St-Michel de 1420 à 1423. (P. Féval, *Merv. du Mt-
St-M.*, p. 244.)

[3] Raoul Campion se qualifiait : en 1363, receveur en la ville et
vic. de Caen sur le fait des aides ord. pour la délivrance du Roy ;

general en la basse Normandie, Robert Assire, viconte d'Auge, Robert Aupois, [1] maire de Faloise, et
Nicolas le Prestrel, [2] bourgois de Saint Lo, salut et dileccion. Comme pour consideracion des tres grans
griefs, pertes, dommages et oppressions et autres in-
convenients innombrables que ont souffers et souste-
nuz ou temps passé, seuffrent et soustiennent de jour
en jour noz bons et loyaux subgez du païs de Normendie, oultre la rivière de Saine, par noz ennemis demourans a present ou fort de Saint Sauveur le Viconte,
dont nous avons grant compassion, et non sanz cause,
nous, qui de tout nostre pouoir desirons noz diz subgez estre relevez des miseres, dommages, oppressions,
griefs et inconveniens dessus diz.... avons... ordené
et ordonnons par ces presentes la dite somme de
XL mille francs estre prise et levée sur tout le dit païs

en 1371, général élu et receveur en la basse Norm. sur le fait des
aides pour la guerre. Son scel porte un écu à un chevron acc. de
3 tours. (*Pièc. orig.*, Campion, n⁰ˢ 2, 4.)

[1] Robert Aupois était : en 1372, élu au dioc. de Séez des aides
de guerre, avec R. Grésille ; en 1386, cons. et avocat du Roi au
baill. de Caen ; en 1390, cons. du comte d'Alençon. Son scel
porte un écu à 3 croix recroisetées au pied fiché. (*Pièc. orig.*,
Aupois, n⁰ˢ 2, 4, 7.)

[2] Jacq. le Prestrel, bourgeois de Saint-Lo, était en 1357 trésorier des guerres, et en 1363 procureur de la reine de Navarre ;
son scel porte un écu chargé de 2 roses et acc. de 3 autres roses.
— Colin le Prestrel est receveur de Saint-Lo en 1378, et Jean le
Prestrel, échanson du Roi. Le même Jean, écuyer, fait montre de
sa comp. à Saint-Lo en 1388. En 1390, il est élu des aides pour la
guerre, et son scel porte un écu au chevron chargé d'une coquille
et acc de 3 roses. (*Pièc. orig.*, le Prestrel, num. 2, 4, 10, 14, 15.)
Guill. le Prestrel fut un des défenseurs du Mont-Saint-Michel en
1423.

de Normendie oultre la riviere de Saine, pour convertir ou paiement des gens darmes, commissaires, gardes des engins, habillemens et autres fraiz et missions
que vous regarderés estre convenables pour le dit fait.
Sy vous mandons, *etc*. Donné à Paris le XXVIIe jour
de decembre lan de grace 1372, et le IXe de nostre
regne. — Par le roy : J. DE REMIS.

(Arch. Nat., KK. 350. reg., *Comptes d'Yvon Huart*,
fol. 326, et K. 49, vidimus du 15 janv. 1373. — L. Delisle, *Hist. de Saint-Sauv.*, N° 132.)

33

1373, 6 juillet, Vincennes. — *Mandement de Charles V à Robert Assire, vicomte d'Auge.*

A tous ceuls qui ces lectres verront ou orront, Richard Bourdet, garde du seel des obligacions de la
viconté dAuge de par le bailli de Rouen, salut. Sa-
chies que par Robin le Marchant, clert tabellion juré
en la dicte viconté, nous a esté tesmoignié par son
serement, lui, avoir veu unez lectres du Roy nostre
s. sainez et entierez en seel et en escriptures conten.
la fourme qui ens.

Charles, par la grace de Dieu roy de France, au viconte dAuge et atous autres justiciers et officiers de
nostre royaume ou aleurs lieuten., salut. Nous vous

signifions que Johan Grente [1], escuier, nous a fait foy et
hommage en la fourme et manière acoustumez, en
nom de lui et de damoisele Agnès sa femme, pour
raison et acause de la terre et fié de Villierville alui
appartenant acause de sa dicte femme. Aux quelx foy
et hommage nous lavons receu, sauf nostre droit et
lautruy. Pour quoy nous vous mandons, et achascun
de vous ainsi comme alui appartendra, q. ledit escuier,
ou ses gens, vous ne molestez ou souffrez estre molestez acause desdis foy et hommage a nous ainsi fais,
mais se aucuns de ses biens ou heritages sont pour ce
pris ou arrestez, delivrez les lui et faictez delivrer
aplain et sans delay. Car nous le voullons estre ainsi
fait. Donné au bois de Vincenn. le vj^e jour de juillet
lan de grace mil trois cens soixante et treize et de nostre regne le disiesme.

Ainsi signeez, par le Roy, J. Genest.

Et nous, a la relacion dudit tabellion, avons mis
acest present vidimus ou transcript le seel des dictes oblig. Ce fu fait lan de grace mil ccc iiij ^{xx} et
sept le vj^e jour du mois de sept.

(*Pièc. orig*, Grente, N° 1, parch. Sceau perdu. —
Cf. *Mand. de Charles V*, N° 970. Mr L. Delisle indique,
comme se trouvant dans la coll. de Jault, au mot
Grente, cet acte qui, depuis, a été classé dans la coll.
des *Pièces originales*.)

---

[1] J. Grante, écuyer, donne quitt. des gages de sa comp. le
14 août 1355 ; son scel porte un écu à la fasce acc. de six étoiles ou
molettes. (*Pièc. orig.*, t. 1398, doss. 31453, Grante, n° 2.) En 1530,
J. Grente, écuyer, est receveur des amendes du parl. de Rouen.
(*Pièc. orig.*, t. 1407, doss. 31740, Grentse, n° 3.)

34

1374, 22 décembre, au bois de Vincennes. — *Robert Assire, vicomte d'Auge, chargé par le roi Charles V d'une mission importante en Bretagne.*

Charles, par la grace de Dieu Roy de France. A nos amez et feaulz les generaulz conseillers a Paris sur le fait des aides orden. pour la deffense du royaume, salut et dileccion. Comme nous eussions nagaires mandé par noz lectres closes signees de nostre main, a nostre amé Robert Assire, nostre viconte dAuge, aler es parties de Bretaigne en la compaignie de nostre amé conseiller Johan Lemercier [1] pour certaines et grossez besoignes touch. nostre honour et profit, et nostre dit viconte ait fait le voiage en la maniere que mandé lui avions, et y ait vaquié et demouré, alant, demourant et rettournant lui tiers à cheval depuis le XVe jour du mois doctembre derr. passé jusques au iiij^c jour de ce present moys de decembre, sicomme de ce sommes acertenez par nostre dit conseiller. Nous vous mandons et enioignons que au dit nostre vi-

---

[1] Le 21 oct. 1377, J. le Mercier, cons. du Roi, reçoit de Charles V le don considérable de 2,000 fr. d'or en récomp. de ses voyages et besognes pour le service du Roi. En 1383, il est qualifié chevalier et maitre d'hôtel du Roi, et donne quitt. de ses gages à Guill. d'Enfernet, trés. des guerres. (*Piéc. orig.*, doss. 44418, le Mercier. n°s 18, 31.)

conte, auquel nous avons tauxé et tauxons par ces
presentez deux frans par jour oultre ses gages ordinaires pour tout le temps que il a vaquié ou dit voiaige,
vous faictes ou faictes faire poiement de ses dis gages,
ou len assignez en tel lieu et si convenable que il en
puisse estre poié sans demeure. Et par raportant ces
presentez et lectres de recongnoiss. dicelui viconte,
nous voulons que tout ce qui poié lui aura esté pour
la dicte cause soit alloué es comptes de celui ou ceulx
qui poié le lui auront par noz amés et feaulx gens de
noz comptes a Paris sans aucune difficulté, non obstant quelconques ordon. mandemens ou deffenses ace
contraires. Donn. au boys de Vincenn. le xxij^e jour
de decembre lan de grace mil trois cens soixante et
quatorze et le xj^e de nostre regne.

Par le Roy,

Blanchet.

(*Pièc. orig*, t. 114, doss. 2375, N° 5, orig. parch.
Sceau perdu.)

35

1374, 28 décembre. — *Robert Assire, vicomte
d'Auge.*

Sachent tous que Je Robert Assire, viconte dAuge,
Confesse auoir eu et receu de Raoul Campion, general

esleu et receveur en la Basse Norm. sur le fait des aides de la guerre la somme de cent deux frans dor
qui me estoient deuz pour la despence de moy, mon
clerc, mon varlet et trois chevaux, faite en un voiage
que jai fait en Bretaigne en la comp. de honnor.
homme et sage sire Johan le Mercier, conseiller du
Roy nostre S. par lorden. et commandement de nostre dit seign. pour lequel voiage il ma esté tauxé par
lettres de nostre dit seign. auxquelles est attachie le
mandement de noss. les generaux conseillers sur le
fait des dix aides ij frans par jour oultre mes gages
ordin. et ay vacquié ou dit voiage tant en alant, demourant que retournant depuis le XVe jour dott. incluz derr. passé jucques au iiij^e jour de cest present
mois de dec. incluz après ens. ouquel temps il a lj
jours, de laquelle somme de cij frans dor dessus dis.
je me tien pour content et bien paié, et en quicte le
Roy nostre dit s. le dit general esleu et receveur et
tous autres a qui quict. en appartient. En tesmoing de
ce jay seellé ceste quict. de mon petit seel aus caus. de
la dite viconté, le xxviij^e jour dudit mois de decembre lan mil ccclxxiiij.

(*Ibid.*, n° 6, orig. parch. Sceau de cire rouge sur
queue de parch. — Voy. la pl. II, N° 1.)

36

1375, 20 février, Lisieux. — *Robert Assire, vicomte d'Auge et de Pont-Authou, élu au diocèse de Lisieux sur le fait des aides ordonnées pour la guerre.*

Robert Assire, viconte dAuge et de Pont autou et esleu ou diocese de Lisieux sur le fait des aides ordenees pour la guerre, A Estienne Asse [1], receueur des dizaides oudit diocese, salut. Comme pour ce que vous ygnoriés quelles terres et villes monseigneur le conte de Harecourt a et sont tenues de lui ès mettes du dit diocese, vous nous eussiés japieca requis de enquerir et sauoir la vérité et de la vous rapporter, affin que plus seurement vous peussiés proceder en lacomplissement de certaines lettres Royaulx et de Nosseigneurs les generaulz sur le fait des dictes aides, lesquelles ou le vidimus dicelles vous ont esté presentees de la partie dudit Monseigneur le conte de Harecourt, si comme vous nous auez dit, Sauoir vous faisons que en acomplissant vostre dicte requeste Nous auons deuement enquiz des terres et villes dessus dictes, Et auons trouué que la moitié de la parroisse dEspreuille en Lieuin, toutes les parroisses de Noers, Morainuille, Saint Vincent du Boulay, saint Vitor de Crestienville,

---

[1] Ét. Asse, en 1382, est qualifié écuyer. — En 1493, Christophle Asse est chevalier. (*Pièc. orig.*, Asse, nᵘˢ 2, 5.)

excepté ce qui en est soubz le Roy de Nauarre et en la
terre monseigneur le conte de Alencon, Item Fontaines la Sorel, Caresiz, Breteniz, demye la parroisse
dancouel, Aclou, Saint Sir de Salerne, les deux pars
de la parroisse de Saint Pierre de Salerne, le fié du Bosc
en la parroisse de Sarquigny et Morcenq sont du demaine dudit Monseigneur le conte de Harecourt ou
tenuez de lui sans moien ou par moien. Les quelles
choses nous vous certiffions par ces presentez seellees
du seel dont nous usons audit office de esleu, lan mil
CCC soixante quatorze le XXe jour de feurier.

(*Quitt.*, t. XXI, N° 1590, orig. parch. Sceau perdu.)

37

1375, 15 août, Pont-l'Evêque. — *Robert Assire, vicomte d'Auge.*

Sach. tous que Je Robert du mont[1], bourgois du
pont levesque, congnois et confesse avoir eu et receu
de homme pourveu et sage ROBERT ASSIRE, viconte

[1] R. du Mont était, en 1366, « viconte du Pont Autou, esleu es
cité et dioc. de Luisieux sur le fait des aides ord. pour la provision
et deffense du royaume ». — Le 23 nov. 1379, « damoiselle Agnès
Morin, deguerpie de feu Robert du Mont », donne quitt. au vic.
de Pont-Authou. — J. dumont, écuyer, demeurait à Pont-l'Évè-
que en 1404. (*Piéc. orig.*, doss. 45963, du Mont, nᵒˢ 2, 3, 9.)

dauge, la somme de onze livres et huit souz dix d[s] t[s] qui me estoient deubz pour les despens que avoient fais en ma meson avesques et en la compaignie de Guil. Durant. lieut. es parties de la viconté dauge de Oudart dattainville, bailli de Rouen et de Gisors, que Mess. Regn. de Reux, chevalier, mess. Robt de Montfort, mess. Robert Bardouf [1] et Goupil de Granviller, chevaliers, et pluseurs esc. bourg. et autres gens nottables de lad. viconté dauge qui furent au pont levesque par ij jours vacquer a iceli lieu pour fere jugement de Johan Morel, demour. en la par. de Bernay, les quiex y..........temps par la contrainte dudit lieut. pour attendre lenqueste en laquelle il cest soubzmis, laquelle le....... pendre par le rapport quil sest desrobié, de laquelle somme je me tien pour bien poié et en quicte tous ceux a qui il puet toucher. Tesmoing mon seel et signe manuel mis a cez presentes le XVe jour daoust lan mil ccclxxv.

R. DU MONT.

(Clairambault, *Tit. scellés*, t, 77, p. 6001, orig. parch., fruste en partie. Sceau de cire rouge sur queue de parch. : dans un ovale, un personnage à mi-corps,

---

[1] En 1370, R. Bardouf est écuyer de Girard de Tournebu, chevalier. (*Pièc. orig.*, Tournebu, n° 26.) En 1378, « Robert de Bardouf, chevalier », donne quitt. des gages de sa comp. « devant le chastel du Pont Audemer, soubz le gouv[t] de mons. Jehan de Vienne, admiral de France, cappitainne ordené illec par le Roy nostre seigneur. » (*Pièc. orig.*, Bardouf, n° 2.) — « Mons. Robert Bardouf, chevalier, sgr de Putot », figure dans la quitt. précitée d'Agnès Morin, veuve de R. du Mont, le 23 nov. 1379.

tenant un écu fruste et accosté en haut de deux lions.
— Cf. Demay, *Sceaux de la coll. Clairambault*, t. I,
N° 6206.)

38

1376, 15 février, Lisieux. — *Robert Assire, élu au
diocèse de Lisieux des aides ordonnées pour la guerre.*

Sachent tous que Je Robt Assire, esleu ou diocese
de Luisiex des aides pour la guerre, Congnois avoir
eu et receu de Estienne Asse, recepueur des dis aides,
la somme de cent livres t^s pour mes gages de servis
pour une annee commenchant le premier jour de janvier ccclxxiiij et fenissant le derin jour de decembre
derrain passé, de laquelle somme de C. l. je quitte le
Roy nostre s. le dit Estienne Asse et touz ceulz a qui
quittance en puet appartenir en adnullant toutes autres
quittances estires ou cedulles donn. de ladit somme
au devant de ces presentes auxquelles jay mis mon
propre seel le XVe jour de feur. lan mil ccclxxv.

(*Quitt.*, t. XXII, n° 1764, orig. parch. Sceau de cire
rouge sur queue de parch. — Voy. la pl. II, N° 2.)

39

1377, 4 novembre. — *Robert Assire, maître et enquêteur des eaux et forêts du Roi en Normandie.*

Sachent tous que Je ROBERT ASSIRE, maistre et enquesteur des eaux et forests du Roy nostre s. ou pais
de Normendie, cognois avoir eu et receu de homme
sage et pourveu Richart de Brumarre,[1] viconte du
Pontautou, la somme de cent livres tˢ pour la moictié
de mes gages du terme saint Michiel derrain passé.
De laquelle somme de C l. a moy assignee a prendre
sur la recepte dudit viconte par lettres de Nosseigneurs
des comptes je quicte le Roy nostre diz Seigneur, le
dit viconte et tous autres a qui il appartient. Tesmoing
mon seel mis a ces lectres le iiij jour de nouembre
lan mil ccclxx et sept.

[1] Rich. de Brumare était, en 1359, garde des armements, artille-
rie et autres garnisons du Roi ; de 1363 à 1379, garde du clos des
galées, à Rouen ; en 1369, sergent d'armes du Roi et commis au
paiement des mariniers, nefs et autres vessels ord. à aller en ceste
presente armée de la mer ; en 1376, receveur de l'assiz ord. pour le
fait du vuidement de la forteresse de Saint-Sauveur ; en 1377, vicomte de Pont-Authou et gouverneur en régale du temporel de
l'évêché de Lisieux. *(Quitt.,* t. XIV-XXV, *pass.* ; L. Delisle, *Hist.
de Saint-Sauveur,* num. 135, 304.) — Rob. de Brumare, que je
crois fils du précédent, était en 1419 garde de la monnaie de Rouen.
(Quitt., t. LII, nᵒ 5464.) — Rich. de Brumare, grenetier royal de
Caen en 1458. *(Pièc. orig.,* Estouteville, nᵒ 179).

(*Pièc. Orig.*, t. 114, doss. 2375, n° 7, orig. parch.
Sceau de cire rouge sur queue de parch. — Voy. la
pl. II, N° 3.)

40

1377, 30 décembre, Lisieux. — *Robert Assire, maître et enquêteur des eaux et forêts du Roi en Normandie.*

Robert Assire, Maistre et enquesteur des eaues et
forez du Roy nostre Sire ou pais de Normendie. Au
Viconte de Baieux ou a son lieutenant, salut. Nous
avons receu voz lettres closes contenantes le descort
qui devant vous est venu entre Gieffroy demontfiquet[1], premier marchant dune vente de boys au Buisson du Vernay, dune part, et Gieffroy Eude, dautre
part, sur ce que le dit Eude maintenoit que par le
moyen de II enchieres que il avoit mises sur la ditte

---

[1] Hugues de Montfiquet est à la croisade en 1219. (*Chartes de
crois.*, ms. lat. 17803 B, chartes de Damiette.) En 1293, Geoffroy,
père de Gillebert, est seigneur châtelain de Montfiquet, auj.
comm. du cant. de Balleroy, arr. de Bayeux. — En 1376, « Guieffroy de Montfiquet » est « recepveur en la vic. de Baiex de
la finance ord. pour le widement et délivrance du chastel
et ville de St Salveour le viconte et commis a rendre les empruns qui avoient esté faiz aus gens de liglise du dit dyoc. de
Baiex pour lavancement du dit widement. » — En 1414, « Geuffroy de Montfiquet » est « commis a recepvoir laide et creue derrenierement mis sus ou royaume a Baieux ». — Montfiquet portait:
d'argent au léopard de sable. — (*Pièc. orig.*, Montfiquet, num. 2,
9, 17.)

vente le jour Saint Nicollas dyuer derrain passé en la
main de Guillaume de Boisbaston, maistre du Bur
le Roy, il devoit avoir la saisine et possession de la
dicte vente, et le dit demontfiquet maintenoit le contraire en disant que les enchieres mises en la main du
dit maistre ne devoient avoir aucun effet, mais que,
par le moyen de II enchieres que il avoit mises en
vostre main le lendemain de la dicte feste Saint Nicollas sur lui meismes, la dicte vente lui devoit demourer, qui plus ny vouldroit donner. Et avons oy
chascune des parties en leur raison en tout ce que ils
ont voulu dire, et finalment ont esté les dictes parties
par nous apointees de leur consentement sans attendre
rigour de jugement que au pris de II enchieres ordin. mises sur la dicte vente sans dire lesquelles, eulx
seront et demoureront possessours et compoign. de la
dicte vente sil leur plaist, et que qui compagn. nen
vouldra demourer, lautre pourra recuillir tout le
marché et compaigner autre compaignon tel comme
bon lui semblera et sen aplegier envers vous. Sy vous
mandons que selon le dit apointement et le dit acort,
vous, les dis marchans recevez a estre comp^s ensembles de la dicte vente, se il cuident que bon soit et il
si consentent, ou celui deulz qui charger sen vouldra
sans preiudice du Roy et sauf le terme de lenchiere.
Donné à Luisiex le penultieme jour de decembre mil
ccclxx et sept.

BENCELIN.

(*Pièc. orig.*, Montfiquet, N° 3.)

41

1378, 10 avril, Rouen. — *Robert Assire, maître et enquêteur des eaux et forêts du Roi en Normandie.*

Jehan Braque,[1] chevalier le Roy nostre s., et Robert Assire, maistre et enquesteur des eaux et fores
dicellui seigneur ou paiz de Normendie. Au premier
sergent des dictes fores qui sur ce sera requis, salut.
Nous vous mandons et commettons que les religieux
prieur et convent de Saint Lo vous adiourniez a de-
main heure de prime a comparoir par devant nous a
Rouen, ou lieu de dessus les changes, pour voir en-
teriner certaines lectres de noss[s] les generaulx reffor-
mateurs sur le fait des for. du Royaume de France
que nous avons receues et a nous adreçantes, en
[nous] certiffiant deuement de ce que fait en aurés.
Donné a Rouen soubz noz seaulx le Xe jour davril lan
mil ccclxxvij.

J. Bouron.

(Clairambault, *Tit. scellés*, t. XXI, p. 1465, orig.
parch. Sceaux de J. Braque et de R. Assire, en cire

[1] J. Braque fut maître des eaux et for. de Norm. jusqu'en 1389.
On le voit, en 1381, ambassadeur extr. pour traiter la paix avec le
roi d'Angleterre ; en 1387, maître d'hôtel du Roi et commis à recevoir les montres et revues des gens d'armes ; en 1396, cons. du
duc d'Orléans. (*Pièc. orig.*, Braque. — *Quitt.*, t. XXXVII, n⁰
2375.)

rouge, sur queues de parch., ce dernier brisé dans sa
partie inf. — Cf. Demay, *Sceaux de la coll. Clairambault*, t. I, N° 344. — Voy. la pl. II, N° 3.)

42

1378, 12 août, Illeville. — *Robert Assire, commissaire du roi Charles V.*

Inventoire des heritages que soulloit tenir Guieffroy
Auber dit Corbin en la paroisse de Illeville es mettes
de la viconté dupont audemer, fait par nous ROBERT
ASSIRE, commissaire du Roy nostre s. en ceste partie,
qui les dis heritages avions mis en la main de nostre
dit seigneur comme a lui acquis et confisqués pour
les crismes commis par le dit Guieffroy, et pour les
quiex il avoit esté une foiz pris, rompu la prison et
soy absenté du pais et tourné ovec les ennemis du
Royaume, le xij^e jour daoust mccclxxviij, presens a
ce Richart de Brumare, viconte du Pontautou, Guill.
le Feure, advocat, Pierres de Lyons, sergent du Roy,
et plus. austres, par la maniere qui ensuit.

Premierement, nous trouvasmes par les gens de la
dite paroisse que le dit Corbin avoit manoir et terres
labourables, pour quoy nous nous transportasmes audit manoir, et trouvasmes quil y avoit une petite maison couverte de tuille, laquelle les solliers et closture
nestoient encore parfaites. Et si y avoit une grance

a iiij pos et unes estables a iiij estages, le tout couvert de chaume.

Item y avoit un petit jardin planté de poy darbres. Et quant aux terres, trouvasmes quil y en avoit dis acres ou environ, les dites terres et manoir tenues comme en fieu villain, et furent lesdis manoir et terres estimees et prisees valoir a communs ans, deduites les rentes qui en sont deues.....

Item trouvasmes que ledit Corbin ovec le manoir et terres dessus dites tenoit en la dite parroisse une porcion dun franc fieu nommee le fieu de Clere, sur lequel na aucuns edifices ne domaines fors un petit clos seullement avironné de mur de terre, en quel siet un coulombier de boiz et de terre couvert de tuille et dessende, et en quel il nout onques coulomps, lequel, ainsi comme il estoit ovec le fons sur quoy il siet, fu prisé valoir.....

Item au dit fieu appartiennent rentes en deniers, en grains, oez et oiseaulz qui se paient a divers termez, des quiex les parties sont cy après escriptes. Et premierement rentes au terme Saint Michiel.

Jeh. douche, xx s. Guill. Marc. iiij s. vj d. Jeh. le Masnier, xviij d. Thomas Durant, iij s. Robin Bernart, xj d. Thomas Bernart, j d. Les h^rs Gire le fauconnier, vj s. vj d. Les h^rs Thom. Peppin, xij d. Pierre Louys et les h^rs Colin lebouvier, vj d. Raol le gaigneur, ij d. ob. Guill. Laffettie, vj d. Guill. le connestable, iij d. Guieffroy Cousin, xij s. vj d. Ric. Cousin, viij s. Jeh. le Connestable, xij s. vj d. Somme, lxxj s. xj d. ob.

Fourmens et autres grains audit terme Saint Michiel :

Les h^rs Robert le Largue vj b. Ricart Peppin, ij b. Les
h^rs Thom. Peppin, iiij b. Somme, xij b. prisiés et estimés bon an mal an... Item orge audit terme saint Michiel : Thomas le Largue, iiij b. Les h^rs Robert le
Largue, ij b. Symon Garin et Jeh. Hais, j carteron.
Somme. vj b. j quarteron dorge prisiés et estimés.....

Item cappons et guelines au terme de Noël : Thomas le Largue, iiij cap. iiij d. Jeh. de la feriere, ij cap.
ij d. Guill. le Cornu, j cap. j d. Raol Gomont, iij cap.
iij d. Henry Busquet, j cap. j d. Les h^rs Thom. Hais,
iij cap. iij d. Jeh. le Connestable, ij cap. Jehan le Massier, ij cap. ij d. Les h^rs Thom. Peppin et Ric. Peppin,
ij cap. ij d. Thom. Durant, ij cap. ij d. Guill. le Connestable, j cap. j d. Guieff. Cousin, ij guel. Jeh. douche, ij cap. ij d. Les h^rs Thom. Hais, ij cap. ij d. Item
iceulz, ij cap. ij d. Les hers Robt le Largue, v. cap. v.
d. Thom. Hais, ij cap. ij d. Ric. Cousin ij guel.
Somme : xxxvj cap. et iiij guel. qui sont prisiez et estimés chascun chappon a... et chascune gueline..... et
pour lez devoirs qui vont ovec, ij s. x d.

Le terme de la purificacion Nostre dame : Les h^rs
Robert le Largue, XVs. Item iceulz h^rs, xviij d. Somme,
xvj s. vj d.

Le terme de la micaresme : Jehan de la Feriere, v s.
Symon Gosseaume, ij s. Thomas Durant ij s. Somme, ix s.

Le terme de Pasques : Guieffroy Cousin, xij s. vj d.
Ric. Cousin, viij s. Jeh. le Connestable, xij s. vj d.
Somme, xxxiij s.

Oeufs au dit terme : Thom. le Largue, lxx o. iij d.
Les h^rs Thom. Peppin et Ric. Peppin, xx o. j d. Guill.
le Connestable, xx o. j d. Henry Busquet, x o. ob.

Jeh. de la Feriere, xxx o. ij d. Jeh. le Massier, xl. o ij
d. Les hers Rob. le Largue, c o. l d. Thom. Durant,
xx o. j d. Jeh. douche,xx o. j d. Thom. Hais,xxvij o.
ij d. Robert Laffettie,xx o, j d. Raol Gomont, x o. ob.
Item icellui, xl o. ij d. Somme...

Le terme de la Sainct Jehan Baptiste : Henry Busquet,
x d. ob. Les h^rs Thomas Hais, vj s. vj d. Thomas le
Largue, iij s. vj d. Thomas Hais, xviij d. Jeh. le Massier, xviij d. Somma, xiij s. x d. ob.

(*Quitt.*, t. XXIV, n° 2247, orig. parch.)

43

1378, 6 septembre. — *Robert Assire, maître et enquêteur des eaux et forêts de Normandie, commissaire
du roi Charles V.*

Je ROBERT ASSIRE, maistre et enquesteur des eaux et
forestz du Roy nostre sire ou pays de Normendie et
Commissaire pour preindre et mectre en la main
dicelluy Seigneur tous les meubles et heritaiges des
personnes alliez et tenans le party du roy de Navarre,
ennemy du royaume et du Roy, Congnois et confesse
que homme saige et pourveu Jehan le Prevost, viconte
dArques, lequel, avant que je sois venu en Caux pour
faire prinse des meubles et heritaiges de Colinet
Dourden, allié du dict roy de Navarre, sestoit trans-

9

porté ou manoir et terres du dit Colin et en avoit faict
prinse par vertu de certain mandement à luy adréchié,
donné de nos seigneurs des comptes, et aussi avoit
faict inventoire des meubles, entre lesquels estoit une
lettre obligatoire seellée du seel des obligacions de la
viconté de Rouen, donnée le lundi avant la Magda-
leine 1354, contenant comme lors Peronnele, déguer-
pie de Jehan Gohe, Jehan Gohe son filz, et Nicolas le
Metayer se obligerent à feu Guillaume Dourden, lors
bailly de Beaumont le Rogier, en la somme de cinq
cens escuz pour la promesse faicte par le dict feu
Jehan Gohe au dict Dourden en faisant le mariaige
dicelluy Guillaume et de Jehanne, fille du dict Jehan,
a paier la dicte somme de la Sainct Michiel enssuivant
de la dabte de la dicte obligacion en un an, ma livré
et baillié la dicte obligacion pour porter à Rouen et
pour savoir et enquerre se la dicte Perronele, qui pour
six vingtz dix escuz de la dicte debte vendit pieça au
dict feu Guillaume Dourden vingt six livres de rente
après sa vie, est trespassée ou non, et pour adviser
aussy comme len pourra recouvrer six vingtz escuz
qui encore sont deubz de la dicte obligacion, outre la
dicte rente et les autres paiements escriptz au dos de
la dicte obligacion, lesquelz paiements sont escriptz,
si comme len dit, de la main du dict feu Guillaume
Dourden, laquelle obligacion je promet rendre au
dict viconte pour sen deschargier, se mestier en a, ou
len deslivrer autre part envers tous. Item, pour ce
que le dict viconte, entre les parties des meubles dont
il a faict inventaire, compte pour meuble soixante
dix livres sur le seigneur de Sainct Laurens, soubz

umbre de ce que len dit que pour la dicte somme le
dict de Sainct Laurens avoit finé avec le dict Colinet
Dourden dune obligacion de vingt cinq livres de
rente acquise de luy ou de son ancesour en la vie
dicelluy Guillaume Dourden et du dict Collinet. Item
y comptoit et comprenoit soixante cinq mines de
bledz, moictié bled et lautre moictié orge et avoine,
deubz pour la ferme des terres du terme sainct Jehan
passé au feur de cinq solz la mine, qui font seize livres cinq solz, et pour la ferme du Coulombier dicelluy terme soixante solz, lesqueles parties ny doivent
estre entendeues pour ce que jen ay trouvé les fer-
miers et le dict de Saint Laurens en debte et que vingt
cinq livres de rente à vie valent plus que les soixante
dix livres, et pour ce les ay arrestées et mises ou
mien inventoire afin que par nosseigneurs des comptes en soit ordené en temps et en lieu. En tesmoing de
ce jay mis à ces lettres mon propre seel le sixiesme
jour de septembre l'an mil trois cent soixante dix
huict.

(Arch. Nat., Sect. Hist., K. 51, nº 36 bis, orig.
parch.)

44

1378, 18 septembre, Beauté-sur-Marne. — Charles V mande à Jean Braque et Robert Assire, maîtres des eaux et forêts de Normandie, qu'il a donné à Guillemin le Mercier l'office de sergenterie du tiers et danger des menus bois de la vicomté de Pontaudemer. — Vidimus et confirmation par Charles VI.

A tous ceulx que ces lettres verront Collart de Mailloc lieutenant general de noble homme Messire Jehan de Guarentieres, chevalier, seigneur de Croisy, Maistre et enquesteur des eaues et forests es terres que soulloit tenir le Roy de Navarre en France et en Normendie, salut. Savoir faisons que au jourduy nous avons receues les lettres du Roy nostre sire contenant la fourme qui enssuit.

Charles, par la grace de Dieu Roy de France, a tous ceulx qui ces presentes lettres verront, salut. Savoir faisons nous avoir veues les lettres de feu nostre tres chier seigneur et pere, que Dieu absoille, dont la teneur senssuit.

Charles, par la grace de Dieu Roy de France, a tous ceulx qui ces presentes lettres verront, salut. Savoir faisons que pour consideracion des bons et agreables services que Guillemin le Mercier, barbier et serviteur de nostre tres chier et amé frere le conte de Ha-

recourt, a faiz par longtemps en son office a nostre
dit frere et fait encore de jour en jour, pour le bon
rapport qui fais nous a esté de sa souffisance, a icellui
Guillemin, de nostre certaine science et grace especial, avons donné et octroié, donnons et octroions par
ces presentes loffice de sergenterie du tiers et dangier
des menuz bois de la viconté de Pontaudemer que
soulloit tenir Guillaume Rabel du don de nostre adversaire le Roy de Navarre, vacant a present par les re-
nonciacions par nous faictes de tous les sergens qui ont
tenu le parti de nostre dit adversaire, à tenir et exercer le dit office par le dit Guillemin aux drois, gaiges,
proffis et emolumens accoustumez tout comme il nous
plaira. Si donnons en mandement aux bailli de Rouen
et maistres des eaues et forests de Normendie, ou a leurs
lieuxtenans, et a chascun deulx sicomme a lui appartiendra, que le dit Guillemin, se a ce il est souffisant,
ils mectent et instituent ou facent mectre et instituer
en possession et saisine du dit office, et dicellui des
droiz prouffis et emolumens qui y appartiennent le
facent et laissent joir et user paisiblement et a lui
obeir en son dit office faisant de tous ceulx a qui il
appartiendra, osté tout detenteur dicellui office qui
par noz lettres precedens en date de ces presentes
seroit instituez, mandons aussi par ces presentes au
viconte de Pontaudemer ou a cellui a qui il appartient que au dit Guillemin il face satisfaction et paiement des gaiges apartenant au dit office de sergenterie aux termes et en la manière accoustumez. Et nous
voullons et mandons, par rapportant vidimus de ces
presentes lettres une foiz tant seullement soubz scel

autentique et lettres de recongnoissance sur ce, que tout ce qui ainsi lui aura este poié soit alloué es comptes du dit viconte ou dycellui qui poié laura par noz amez et feaulx gens de noz comptes à Paris sans contredit ou difficulté aucune. En tesmoing de ce nous avons fait mectre nostre seel a ces lectres. Donné a Beauté sur Marne le XVIIIe jour de septembre lan de grace mil CCCLXXVIII et le XVe de nostre regne.

Pour quoy nous, aians fermes et agreables les lettres dessus dictes, ycelles et leur contenu loons, approuvons et par la teneur de ces presentes confermons en annat. de nouvel se mestier est, de grace especial, par ces presentes, au dit Guillemin le Mercier le dit office de sergenterie du tiers et dangier des menuz bois de la viconté de Pontaudemer, a le tenir et exercer par le dit Guillemin aux gaiges droiz prouffis et emolumens acoustumez tant comme il nous plaira sil est a ce souffisant. Si donnons en mandement par ces mesmes lettres aux maistres de nos eaues et forests ou a leurs lieuxtenans, et a chascun deulx sicomme a lui appartiendra, que le dit Guillement facent et laissent joir et user paisiblement ou cas dessus dit du dit office avecques les droiz prouffis et emolumens dessus diz et a lui obeir de tous a qui il appartendra en toutes choses touchans le dit office, osté dicellui office tout autre detenteur qui navoit sur ce les lettres de feu nostre dit seigneur et pere et de nous precedens en date de ces presentes. Mandons aussi a noz amez et feaulz gens de noz comptes à Paris que par le viconte de Pontaudemer facent paier et delivrer au dit Guillemin ou a son certain commandement, ces lettres veues, sans delay les diz gaiges aux termes et en la manière accoustumez...

..... En tesmoing de ce nous avons seellé ces lettres de nostre seel le XIIIIe jour de feurier lan mil ccc iiij[xx] et dix.

(*Pièc. orig.*, t. 1931, doss. 44417, n° 3, parch. Sceau perdu.)

45

1379, 6 février. — *Robert Assire, maître et enquêteur des eaux et forêts de Normandie, commissaire du roi Charles V.*

ROBERT ASSIRE, Maistre et enquesteure des eaues et forez du Roy nostre sire ou pais de Normendie et commissaire dicelui seigneur pour prendre, arrester et mettre en sa main les meubles et heritages qui furent de Maistre Pierre du Tertre [1], Jaques de Rues [2],

---

[1] En 1368, secrét. du roi de Nav., qui lui fait don de 500 fr. d'or ; en 1370, envoyé dud. roi en Angl. avec J. de Tilly et Jacq. de Rue ; en 1374, châtelain et verdier de Breteuil pour le roi de Nav. ; en 1377, cons. de ce prince et son garde du fort de Bernay. Son scel porte un écu à 3 besants et un chef. (*Pièc. orig.*, doss. 62515, du Tertre, num. 2-11.)

[2] En 1369 et 1370, chambellan du roi de Nav., qui, en 1375, lui fit le don considérable de 3,000 fr. d'or, lorsque Jacques épousa

nagueres exécutés comme traitres et ennemis de nostre dit seigneur et alliez du Roy de Navarre ennemi du Roy et du Royaume, et semblablement les biens de tous autres tenans ou qui ont tenu le parti du dit de Nauarre et ne sont rettournez en lobeissance du Roy nostre dit seigneur, au viconte de Pontautou ou a son lieutenant Salut. Comme par vertu de nostre commission nous nous fussons transportez en la parroisse dIlleuille pres Montfort ou mois daoust derrain passé et illec eussons prins et mis en la main de nostre dit seigneur tous les heritages, rentes et possessions quelconques que souloit tenir en la d. parroisse Gieffroy Auber dit Corbin, lequel si comme nous auons trouué par informacion auoir esté allié du dit Roy de Nauarre et soy estre pieca absenté du pais et rendu fuitif, pour celle cause et pour pluseurs autres crimes par lui faiz et perpétrés, et diceulz heritages eussons fait inuentoire tendant affin de les appliquer au demaine du Roy et ledit inuentoire vous eussons enuoié seellé de nostre seel affin que vous en feissez le profit dudit seigneur, et il soit ainsi que depuis ladicte main mise et arrest Raoul Chesnel soy disant auoir droit es dis heritages se soit trait deuers nosseigneurs de la Chambre des comptes et ait obtenu deulz un mandement à nous adrecant, ataché souz un de leur signez, au transcript dunes lettres du Roy nostre dit seigneur

« la damoiselle d'Achy ». Pierre de Rue, son frère puîné, capitaine de Rugles, puis du Pont-d'Ouve ; reçut aussi des dons importants dud. roi ; son scel porte un écu à 3 coquilles sous un lambel â 3 pend., et une bordure besantée. (*Pièc. orig.*, de Rue, num. 2-10.)

et des leur, contenant les lettres du Roy que des le xxviiie jour davril mccclxx vij nostre dit seigneur auoit donné audit Chesnel toute la terre, rentes, acquisicions auec le fié de Clere que souloit tenir ledit Gieffroy Auber, et les lettres de nosseigneurs contenant que diceulz heritages rentes et fié vous lui baillissez saizine et possession. Sauoir vous faisons que veu ledit mandement de nosseigneurs qui fu donné le VIIIe jour de januier nouuellement passé, et infourmé que, auant larrest par nous mis es heritages, rentes et possessions dudit Auber, des quiex les parties sont contenues en la cedulle à laquelle ces presentes sont atachées sous nostre signet, vous en auiez baillé la saisine et possession audit Chesnel, et considéré aussi que le tout ne excede pas la somme de xx livres parisis dont les lettres du don font mencion, Nous, en obeissant au dit mandement et qui ne sauons cause de différer a le acomplir, auons leué la main du Roy des heritages, rentes et fié dessus dis et ne mettons nul debat que diceulz et des leuées escheues depuis que vous lui en baillastes la possession il ne joisse comme de sa chose. Si ne lui weilliez sur ce donner empeschement, pourueu touteuoies que ledit Raoul Chesnel, qui ne puet aduouer a seigneur dudit fié et terres autre que le Roy nostre Sire, gagera en vostre main a le tenir de nostre dit Seigneur par un quart de fieu et par hommage, lequel hommage il sera tenu faire dedans lascencion prochainement venant, et de toutes ces choses faictes mencion en vos prochains comptes ou chappitre de forfaitures ou autre part en faisant ostencion du mandement et transcript

9*

a uous enuoiez comme dit est, les quiex nous vous enuoyons auesques ces presentes. Donné souz nostre seel le vj^e jour de feurier mccclxxviii.

(*Quitt.*, t. XXIV, n° 2412, orig. parch. Sceau perdu.)

46

1379, 26 février, Falaise. — *Compte de feu Guillaume et Jean Martel, jadis capitaines et châtelains de Falaise, dans lequel est mentionné Robert Assire, naguère vicomte de Falaise.*

Compte de Guillaume et Jehan Martel, capitaines et chatelains de Falaise, baillé par la femme et enfans du dit Jehan.

A tous ceulx qui ces lettres verront ou orront. Pierres le Hursin, garde du seel des obligacions de la Viconté de Faloise, Salut. Savoir faisons que nous avons veu et diligemment regardé un compte particulier des receptes faites par feu Messire Guillaume Martel et Messire Jehan Martel, son filz, jadis capitaines et chastellains du chastel de Faloise, baillié par la femme et enfans du dit feu Messire Jehan Martel, lequel compte estoit signé de la main de Maistre Garnier de Saint Disier, clerc du Roy nostre sire en la chambre de ses comptes, et contenoit la fourme que sensuit. Compte particulier des receptes faictes par feu Messire Guillaume Martel et Messire Jehan Martel son filz jadis capitaines et chastelains du chastel de Faloise et baillé par la femme et enfans du dit feu Messire Jehan Martel. Recepte : Premierement receu par les dessus diz le dit temps durant pour compus et deffaux de guet ou dit chastel par chascun an ou environ II ^{c} lt. Item le dit Messire Guillaume receu pieça par avant lan mil ccclx de sire Jehan de Lospital et des clers des arbalestiers certains deniers des quielx il se rapporte a ses quittances sur ce baillées au dit de Lospital. Item le dit Messire Guillaume Martel pour le temps quil estoit chastellain de Faloise. Receu du viconte de Faloise ou temps passé pour la garnison du dit chastel de Faloise XVII sextiers I quarteron de sel. Item prinst le dit Messire Guillaume chastelain du dit chastel pluseurs vivres de pluseurs personnes de la viconté de Faloise ja pieca dont le Roy paia par la main du dit viconte IX^{xx} j liv. i j s. t. pour ce IX^{xx} l. ij s. t. Item pour les deniers prins par lui sur les rentes et revenues de la terre du tuit III^c l. Item pour deniers par lui receuz des deniers de limposition de II s. pour liure levée en la dicte viconté de Faloise ja pieca par la main de ROBERT ASSIRE qui en fut receveur en deux parties II^c XXX escus. Item le dit Messire Guillaume ja pieca ou temps que le fort de Neuvy estoit occuppé par les ennemis du Royaume prist des garnisons du dit chastel qui estoient au Roy nostre sire sept muys de fourment et pois et avoines certaine petite quant'té. Item pour plusieurs garnisons à Chatres et mises à la garde du dit chastel de Faloise en la garde du dit Messire Guillaume ja pieca : cest assavoir V muys XI sextiers III quarterons de fourment XII sextiers de pois XII sextiers de feuez I muy de sel VI^{xx} III pos de buire LXXIIII livres de fil de chanvre X balances de chanvre en fil un petit tonnel de vin XXI gros gascoing de sidre C pors VI^cV livres de suif à faire chandelle XX l. de fil pour lumeignon XXIII douzaines VII. rez doignons V dousaines des rezdaulx IIII^{xx}l. de plon. VI l. de pouldres pour canons cent paire de aile doue pour empaner viretons, XXX baudriers Item receu ycellui Messire Guillaume de limposicion de VI deniers pour livre en la viconté de Faloise ja pieca par la main de ROBERT ASSIRE qui en fut receveur VI^{xx} escus. Item le dit Messire Jehan Martel son filz chastellain du dit chastel de Faloise. Receu du viconte de Faloise ja pieca pour la garnison du dit chastel XX arbalestez. Item ycellui Messire Jehan Martel pour deniers par lui receuz de Raoul de Bray receveur du fait du vuidement du fort de Tury ja pieca en deux parties cl frans. Item en une partie dicelluy Raoul de Bray ou dit an xl. frans. Item le dit Martel receut deux tonneaux de cidre du viconte de Faloise. Somme des parties dessus dictes faisans somme de recepte en ce present compte par les parties dessus dictes. Despense. Por don fait par le Roy nostre sire, par ses lettres données le XVIIIe jour de juing mil CCCLXXV et ainsi signées par le Roy, T. Graffart, dont la teneur est escripte au dos de ce present compte et loriginal est mis avecques les lettres du compte de la viconté de Faloise du terme de Pasques CCLXXIIII, a la dicte fame et enfans du dit feu Messire Jehan Martel de toutes les parties cy dessus escriptes et

de toutes autres dont il pevent estre chargiez envers le
Roy nostre dit seignour si comme plus à plain est contenu es dictes lettres. Et pour ce sont et demeurent
quictez la dicte femme et enfans du dit Messire Jehan
Martel envers le Roy nostre dit seigneur de toutes les
choses dessus dictes. Summa expense totum prout
continetur in dictis litteris quarum copia est hic a
tergo. Et estoit escript en la marge de dessouz du dit
compte ce qui ensuit, Auditus in camera IX die au-
gusti anno MCCCLXXV. Et sic acquictatur predicta relicta liberi et heredes predicti defuncti militis et filii
sui Domini Johannis Martel, et remanent quicti et
exonerati ergo dominum regem virtute predictarum
litterarum, presentibus in camera constabulario fran-
cie qui dictas litteras asportavit in camera ad burellum.
Et sic quicti dicta relicta liberi et heredes predic-
torum deffunctorum. Sic est in consimili compoto qui
remansit in camera posito cum sutis ad Ascens.
CCCLXXV. Garnerus. En tesmoing desquelles choses
nous avons mis a cest present transcript le seel des
dictes obligacions de la viconté de Faloise le XXVIe
jour de feurier lan de grace mil ccclx dix et huit.

(*Pièc. orig.*, t. 1868, doss. 43058, N° 8, parch.)

47

*1379, avril. — Robert Assire, maître et enquêteur
des eaux et forêts du Roi en Normandie.*

Pont de larche.

Amendes et explez de forez faictes entre Saint Michel MCCCLXXVIII et pasques LXXIX deuant Johan Braque, cheualier le Roy nostre sire, et ROBERT
ASSIRE, maistres et enquesteurs des Eauez et forez
dicelui seigneur en Normandie, bailliez a cuiller et
leuer au viconte du pont de larche sur les personnes
qui ensuiuent, à lez mettres en ses comptes de pas-
quez LXXIX.

Denis Racine, de Criquebeuf	x s.
Johan de Poissi, de Soteuille	x s.
Robin le Caron, d'Alizi	x s.
Johan Burgart, du Manoir.	x s.
Guillaume dymare, d'Alizi.	x s.

Summa L s.

G. Nepueu.

(*Pièc. orig.*, t. 493, N° 41, parch. Sceau de cire
rouge sur queue de parch., brisé et fruste.)

48

1379, 17 avril, Arques. — *Robert Assire, trésorier de France.*

Sachent tous que Je Robert Assire, nagaires maistre des eaues et forests du Roy nostre s. ou païs de Normendie et apresent tresorier dicelui seigneur, cognoiz avoir eu et receu de homme sage et pourveu Johan le prevost, viconte dArques, la somme de quatre vins dix livres tourn. sur mes gages de servis en loffice des dites forez depuis la St Mich. derr. passée, de la quelle somme de iiij^{xx} x l. t. je quite le Roy nostre dit seigneur et le dit viconte et len promets delivrer envers tous. Tesmoing mon seel mis a ces lettres le xvij^e jour davril mccclxxix après Pasques.

(*Pièc. orig.*, t. 114, doss. 2375, N° 7, parch. Sceau de cire rouge sur queue de parch. — Voy. la pl. II, N° 4.)

49

1379, juin, Mantes. — *Lettres de Charles V, approuvant l'assiette établie par Robert Assire, trésorier de France, sur les biens laissés par Gillet Lohier, condamné et mis à mort pour crime de haute trahison, d'une rente de 120 livres tournois donnée par le Roi à Robert d'Esneval et Jennequin Champenois.*

« Confirmacio adiudicacionis certorum hereditagiorum que fuerunt Egidii Lohier, Roberto Desneval et Jennequino Champnois facte.

Charles [par la grâce de Dieu roy de France]. Savoir fais. atouz pns et avenir nous avoir veu les lres de nostre amé et feal tresorier Robert Assire, nagair. maistre de noz eaues et forests ou pais de Normandie, conten. la forme qui sensuit.

A tous ceulx qui ces lres verront ou orront Robert Assire, maistre et enquesteur des eaues et forez du roy nostre S. ou pays de Normandie, salut. Savoir fais. que le iije jour de ce present moys de fevrier lan mil ccclxxviij nous receusmes les lres closes de noss. des gens des comptes de nostre dit seigneur, attach. soubz lun de leurs signez a leur autres lres patent. et a un transcript dunes lres royaulx seell. du seel de la prevosté de Paris, desquelles lres closes et ouvertes et aussi du dit transcript les teneurs ens.

Et premier[t] des l[res] closes de noz diz seigneurs des comptes .

De par les gens des comptes du Roy nostre s. a Parïs, ROBERT ASSIRE, veues noz aultres lectres et un transcript et ensemble attach. soubz lun de nos signez, sur le don de vj $_{xx}$ livres tourn. de terre a heritage fait par le dit seigneur a Robin denneval,[1] son eschançon, et Jehennequin Champenois,[2] son sergent darmes, sur les heritages et possessions de feu Gilet Lohier pour les causes et en la manière plus aplain contenues es dictes l[res] et transcript. Nous de lexprès command. du Roy fait de bouche a aucun de nous, vous mandons et commandons et estroitement enioignons que tantost et sanz delay vous bailliez et delivrez ou faictes baillier et delivrer aus diz Robin et Jehennequin les dictes VI$_{xx}$ livres de terre par la forme et manière contenues es dictes l[res] et transcript lesquell. vous enterinez sicomme par yceulx vous est mandé. Et gardez que aucun deffault ny ait, car il en desplairoit au Roy. Donné a Paris le xxvj[e] jour d janvier mccclxxviij.

[1] Robert, sire d'Esneval et de Pavilly, fait montre de sa comp. en 1364 et 1377. En 1398, il est chambellan et commande la garde du corps du Roi. Son scel porte un écu palé de 6 pièces et un chef ; les pals pairs sont hachés de sable. (*Pièc. orig.*, Esneval. num. 4-8.) — Robert d'Esneval, chevalier croisé, est à Damiette en 1219. (*Chartes de crois.*, ms. lat. 17803, n° 60.)

[2] De 1371 à 1383, un des 4 sergents d'armes attachés à la personne du Roi ; en 1371 et 1384, envoyé du Roi à la cour d'Écosse ; en 1383, garde du clos des galées de Rouen ; en 1391, Tévenette est « déguerpye de feu Jehan Champenoys, viconte du Pont-de-l'arche ». Le scel dud. Jean porte un écu à un lion et une bordure besantée. (*Pièc. orig.*, doss. 15503, Champenois, num. 5-7, 14-16 ; doss. 15526, Champignois, n° 2 ; doss. 45409, le Moine, n°s 6-7.)

It.,ens. la teneur des l^res patentes de noz diz seigneurs.

Les gens des compt. du Roy nostre s. a Paris, au bailli de Rouen et au viconte de Pontautou et a tous les autres justiciers et officiers du dit seigneur ou duchié de Normandie ou a leurs lieuxten. salut. Nous vous mandons et a chascun de vous, sicomme a lui appartendra, que en accomplissant les l^res du dit seigneur encorporees en transcript que nous vous envoions attach. a ces presentes soubz lun de noz signez, vous faciez bon et loyal inventoire de tous les heritages, rentes, cens et possessions que tenoit et possidoit ou dit duchié Gillet Lohier donc mencion est faicte en ycelles l^res, et sur yceulx heritages, cens, rentes et possessions faites juste et loyal assiete aux diz Robin denneval et Jehennequin le Champenois de la somme de vj^xx livres tournois de terre a her.tage a chascun deulx de la somme de lx livres tournois de terre selon la forme et teneur de ces l^res ainsi et par la manière quil est acoustumé a f^e en tel cas, et se le surplus des heritages du dit Gillet par dessus et oultre la dite somme de vj^xx livres de terre mettez et appliquiez chascun de vous ainsi comme il vous appartendra au demaine du dit seigneur, et les rendez en voz prochains compt. Et aussi se le dit Gillet avoit aucuns biens meubles pour le temps quil fu executé, si prenez et mettez par bon et loyal inventoire et en faictes le prouffit dudit seigneur, le mieux que vous pourrez bonnement, et les rendez sur les diz comptes avecques linventoire que vous en aurez fait affin de fere ou seurplus ce que raison sera. Escript a Paris le xxvj^e jour de juillet mil ccclxxviij...

Par vertu desquelles l^{res} dessus transcriptes Nous, le xij^e jour du dit moys, nous transportasmes es villes du Pontaudemer et de Saint Maclou en la champaigne et de Tourville près Praeaulx, es quels lieux len disoit estre assiz les heritages du dit feu Gillot Lohier, et tant ou dit jour comme es jour ens. en feismes inventoire, presens et appellez avecques nous plus^{rs} bonnes gens vavassours et autres... En tesmoing de ce nous avons mis a ces l^{res} nostre propre seel. Ce fu fait au Pontaudemer le xxj^e jour de feurier lan de grace mil ccclxxviij.

Lesquelles l^{res} et toutes les choses dedens contenues et chascune dicell. avec la prisée et assiete faicte par le dit ROBERT ASSIRE a noz amez et feaulx Robin desneval, nostre eschançon, et Jennequin Champenois, nostre sergent darmes, des sis vins livres de rente que donn. leur avons, dont mencion est faicte, nous, ayans agreables ycelles, voulons, loons, ratifions, approuvons et de nostre certaine science et grace et auctorité royal par la teneur de ces présentes confermons. Si donn. en mand. a noz ames et feaulx conseillers sur le fait du domaine de nostre royaume et tresoriers de France, au bailli de Rouen et au viconte dAuge et a touz noz autres justiciers et officiers presens et avenir, et a chascun deulx sicomme a lui appartendra, ou a leurs lieuxten. que la dite rente, selon lassiette et prisée dessus dicte facent et seuff. les diz Robin et Jennequin et leurs hoirs, successeurs et aians cause ioir et user paisiblement a tousiours sanz les fere ou souffrir en ce troubler ne empeschier en aucune manière ores ne pour le temps avenir. Et [pour] que ce soit chose ferme et estable a tousiours nous avons fait mettre nostre seel a ces presentes, sauf en autres choses nostre droit et lautrui en toutes. Donné a Mante lan de grace mil ccclxxix et de nostre regne le xvj^e ou moys de juing.

(Arch. Nat., *Trésor des Chartes*, JJ. 115, N° 193, fol. 91-93.)

50

1381, 7 janvier. — *Monseigneur Sire Robert Assire, trésorier de France, commissaire enquêteur.*

A tous ceulz qui ces lectres verront ou orront Ricart de Brumare, Viconte du Pontautou, salut. Comme pour ce que par Informacion faicte par nos seigneurs sire ROBERT ASSIRE, tresorier, et maistre Nicolas de Plancy [1], clerc et (*sic*) des comptes du Roy nostre sire, commissaires sur le fayt des forfaictures de ceulz qui ont tenu ou tiennent le parti du roy de Navarre ou aultres ennemis du royaume, fame publique et renonmee du pays, trouvé a esté que deffunt Estienne de Brucourt morut et fina ses jours en la bataille de Cocherel, tenant le parti dud. roy de Navarre et des

---

[1] En 1372, clerc et not. du Roi. Son scel porte un écu au champ haché de sable et un chef chargé de 3 coquilles. (*Pièc. orig.* Plancy, n° 4.)

dis ennemis contre le Roy nostre dit seigneur, comme
traytre et rebelle dicellui, le fieu et apparten. dIffre-
ville près le Bourc theroude qui fu a Jehan de Brucourt, escuier, frere dud. deffunt et a ycellui deffunt
ayt este desiapieça pris et choisi pour le Roy nostre s.
et par les dis commissaires pour le droit que led. deffunt povoit avoir por partage contre led. Jehan son
frere, et mis et exposé en vente pour et ou nom dud.
seigneur et achetté par led. Jehan le pris et somme de
iiij^{xx} frans pour le tout et a payer a une foys si comme
par un roulle fayt des dictes forfaictures fayt par lesd.
commissaires et seellé de leurs seaulx et signes, et signé du sing manuel dud. maistre Nicolas, nous est
apparu. Savoir faisons que es plès de heritage tenus
par nous viconte dessusd. en la ville du Bouc Achart
en la cohue du Roy nostre S. le lundi vij^e jour de janvier lan de grace mil ccciiij^{xx}, fu present par devant
nous Jehan de Guenos, sergent du Roy nostre dit
Seigneur en la sergenterie de la Londe, lequel nous
recorda et tesmongna par son serment auquel nous
adjoustons foy en et (*sic*) cas et en gregnieur que, a
requeste de Jehan Auber, viconte du Pont de larche
et receveur general desd. forfaictures a si comme
il.............. par lectres desquelles la teneur enss.

Robert Assire, tresorier, et Nicolas deplancy, clerc
du Roy nostre s., commissaire dicellui seigneur en
ceste partie, a nostre bien amé Jehan Auber[1], viconte

----

[1] Vicomte du Pont-de-l'Arche, 1379, 1386 ; d'Arques, 1388, 1393 ;
de Rouen, 1395 ; de Falaise, 1405 ; de Rouen, 1408. — G. Auber fut
à la défense du Mont-Saint-Michel, en 1423. *(Pièc. orig.*, t. 118,
doss. 2497.)

[du Pont-de-l'Arche], et contenan. ceste fourme.

Charles par la grace de Dieu roy de France, a tous ceuls qui ces lectres verront, salut. Comme nous eussions nagaires......[Robert] Assire a prendre et mettre en nostre main royaument..... tous les biens meubles et heritages que furent de feu Jacque de Rue et de maistre [Pierre du Tertre].....

(*Chartes Roy.*, t. VIII, N° 503, orig, parch., en partie déchiré ; la fin manque. — Cf.L. Delisle, *Mand.*, n° 1893.)

51

1381, 20 avril. — *Robert Assire, Trésorier de France.*

Robert Assire, trésorier de France, a Johan des Wis[1] gouverneur de par le Roy nostre s. de la viconté du Pontautou, salut. Nous visitasmes pieça le chastel de Vateville, presens les maistres des œuvres de la baillie de Rouen et autres ouvriers, et fu trouvé que il est ne-

---

[1] En 1380, tabellion juré en la vic. de Rouen (*Pièc. orig.*, Blainville, n° 95) ; en 1381 et 1392, vic. de Pont-Authou et de Pont-Audemer. (*Pièc. orig.*, des Wys, n°s 2-4, et Estouteville, n° 89). — Jean des Wys, chevalier, probablement fils du précédent, était en 1423 à la défense du Mont-Saint-Michel. (P. Féval, *Merv. du Mt-St-Michel*, p. 244.)

cessaire de y faire de nouvel un pont leveis à lentrée du dongon, pour ce que cil qui y estoit ne se povoit plus soutenir. Et aussi fu trouvé quil estoit besoing de refourmer certain palis qui pieça avoit esté fait entour le dis chastel pour doubte deschielement, et pour ce par le conseil et advis des dis maist. en fu fait certain devis tel comme contenu est en la cedule a laquelle ces lettres sont atach. souz nostre signet. Apres lequel devis fait la façon du dit pont fu mise en nostre main a pris, Cest assavoir a cinquante livr. et le dit palis a sis livres, et sur iceuls pris fur. criés deuement et demourerent comme au plus rabaissans, Cest assavoir la façon du dit pont a Guille le Cauchois, carpentier, par la somme de cinquante livr. tourn. Et la tache des palis demoura a Johan Martin par le pris de sis livres tourn. Et commandasmes lors à Ric. de Brumare, viconte de la dite viconté, que les dittes sommes il poiast aux ouvriés dessus dis en faisant leur taches, lequel, combien quil se y soubmist, non a paié aucune chose, mes en a esté delayant et en demeure jusques a ores que la recepte lui est interditte et suspendue. Et si sont les ouvrages dess. diz prestes de lever et destre achevés. Pour quoy nous vous mandons que des deniers de la recepte de la ditte viconté du terme de pasques nouvellement passé vous poiés au dit Guill. le Cauchois la somme de chinquante livres tour. pour la façon du dit pont, et au dit Johan Martin sis livres tourn. pour la tache du dit palis, pourveu que par maistre Joh. du Seillot, maistre des œvres de carpenterie de la viconté de Rouen, les choses soient tesmoigniés et rapportées faitt. deuement selon le devis, en

prenant quitt. diceuls ouvriés et lettre de la ditte cer-
tificacion, par lesqueles, rapportant avec ces presentes
et le devis, ce vous sera alloé en vos comptes et deduit
de vostre recepte. Donné souls nostre seel le XXe jour
davril lan mil ccciiij^{xx} et un apr. pasques.

Roux.

(*Pièc. Orig.*, t. 114, doss. 2375, N° 9, parch. Sceau
de cire rouge sur queue de parch. — Voy. la pl. II,
N° 4.)

52

1381, 19 mai, Léry. — *Robert Assire, trésorier de
France.*

Robert Assire, tresorier de France, au viconte de
Rouen ou a son lieutenant, salut. Johan le dyacre,[1]
viconte dauge, auquel il auoit esté mandé que il portast
ou enuoiast au tresor du Roy nostre sire à Paris la
somme de cinq cens frans d'or pour le fait dudit seigneur, a fait aporter de Rouen la somme de V^c liures
en blans de V deniers tournois pièce, disant que il
nauoit receu ne peu recouurer fleurins es mettes de
sa recepte et pour ce que le pais dentre Rouen et Paris est peuplé de genz darmez geneuois et autres des-

---

[1] Vicomte d'Auge, 1378 ; de Falaise, 1391 ; de Rouen, 1403.

tranges pais par quoy les chemins sont plus doubteux et par lesquels plusieurs maulx ont esté et sont fais de jour en jour, lui auons conseillié et ordonné que la dicte somme de V^c livres en blancs, il conuertisse en fleurins. Si vous mandons que vous vous transportés en sa compaignie chies les changeurs de Rouen et soies present à veoir liurer et conuertir en frans la dicte somme au meillour marché que faire se pourra, et de ce lui donnés vostre lettre de certifficacion anniexé à ces presentes par la quelle rapportant, auec quittance du changeur, la somme que cousté lui auront lui sera allouée en ses comptes ainsi comme il appartendra. Donné à Lery le xixe jour de may lan de grace mil CCCIIII^{xx} et un.

(*Quitt.*, t. XXVII, N° 235, orig. parch. Sceau perdu.)

53

1381, 20 mai, Rouen. — *Robert Assire, trésorier de France.*

A tous ceulx qui ces lettres verront, Symon de Baigneux [1], viconte de Rouen, salut. Sauoir faisons que par vertu des lettres de honnorable homme et saige Robert Assire, tresorier de France, auxquelles ces pre-

---

1 Vicomte de Falaise, 1355 ; de Rouen, 1359-1385. (*Pièc. orig.*, Baigneux, n°s 6-42.)

sentes sont annexé, Nous nous sommes transportés en
la compaignie de Johan le dyacre, Viconte dauge,
chiex Clarisse du Clos, changeresse à Rouen, et avons
veu que ledit viconte dauge lui a baillié et liuré par
compte fait en notre presence la somme de chinq cens
liures tournois en blans de V deniers tournois piece,
que ycelui viconte dauge auoit fait apporter de sadicte viconté en la dicte ville de Rouen, et que pour
auoir de la dicte somme la somme de V^c frans dor ledit viconte a marchandé à la dicte changeresse au plus
juste quil a peu par le prix de cent et dix soulz tournois, lesquiex C et x soulz tournois il paia presen-
tement à la dicte changeresse pour avoir la dicte
somme de V^c frans d'or et desquiex C et x soulz la
dicte Clarisse pour ledit achat se tint a bien paiée par
deuant nous et en quitta le Roy nostre sire ledit
viconte et tous autres. En tesmoing de toutes lesquel-
lez choses nous auons mis à ces presentes le seel de
la dicte viconté. Donné à Rouen le XX^c jour de may
lan de grace mil CCC quatre vins et un.

LE MAISTRE.

(*Ibid.*, N° 236, orig. parch. Sceau perdu.)

54

1381, 27 décembre, Paris — *Robert Assire prête 250
francs au roi Charles VI*[1].

D'un registre en parchemin, intitulé Recettes du
Trésor, *a été extrait ce qui suit :*

« Ad Sanctum Johannem trecentesimo octogesimo
« primo... Mutua facta Regi... De ROBERTO ASSIRE du-
« centos quinquaginta francos... »

(Arch. Nat., Sect. Hist., KK. 11, fol. 99 v°.)

55

1382, 19 novembre. — *Robert Assire, maître et enquêteur des eaux et forêts de Normandie.*

Je ROBERT ASSIRE, maistre et enquesteur des eauez
et forez du Roy nostre s., charg. par honor. homme

[1] Le franc d'or, créé par le roi Jean II, vaudrait, d'après son
poids, environ 12 francs de notre monnaie. La somme prêtée au
Roi par Robert Assire représenterait aujourd'hui environ 11,000 fr., et
c'est l'indice d'une grande aisance ou d'un loyalisme qui ne savait
pas compter.

et sage sire Gilles Galoys, conseillier du dit seigneur, de faire appointement avec homme sage et pourveu Guillaume de Boulegny [1], viconte de Bayeux, sur les paiemens de xij^e lb. t^s ordenez a estre pris sur lui par chascun an, pour estre convertis en lestat et despense du dit seigneur, certifie a touz que aujour duy le dit viconte est venu devers moy a Rouen, et que selon les appointemens que jay veu estre fais par le dit sire Gilles aus autres vicontes, je ay apointié avec le dit viconte que la ditte somme de xij^e lb. t^s il paiera pour ceste presente année commenchant à la Saint Mich. derr. pass. icelui terme compté a cinq paiemens egaux, cest assavoir a la saint André proch. ven. ij^e lb. t., a la chandeleur ens. ij^e le lb. t., a pasque ens. ij^e lb. t., a penthecoste ij^e lb. t., et a la Magdelaine ens. ij^e lb. t., icelui viconte disant par plusieurs raisons quil ne porroit finer des dittes xij^e lb. t., veues ses receptes et despenses, faiz retrenchier, frez et omosnes et gaiges dofficiers, sicomme il entend amonstrer plus a plain devers messeigneurs de la chambre des comptes. Escript soubz mon seel le XIXe jour de nouembre mccciiij^xx et deux.

(*Pièc. Orig.*, t. 114, doss. 2375, n° 10, parch. Sceau de cire rouge sur queue de parch. — Voy. la pl. II, n° 4.)

---

[1] Vicomte de Bayeux, 1369, 1388, et en cette dern. année « recepveur général de layde ord. pour lenforchement et croissance des gens darmes et arballestiers de la frontiere de Chierebourg ». (*Pièc. orig.*, Boulegny, *pass.* ; Torquet, n° 3.) — En 1386, Guillot de Bollegny est un des écuyers de la comp. de G. aux Espaules. (*Pièc. orig.*, aux Esp., n° 13.)

56

1384, 30 avril. — *Robert Assire, maître et enquêteur
des eaux et forêts de Normandie.*

Sachent tous que je ROBERT ASSIRE, maistre et enquesteur des eaues et forestz du Roy nostre s., Congnois et confesse auoir eu et receu du dit seigneur p.
la main de homme sage et pourueu Regnaut Limie,
viconte de Caudebec, la somme de cent liur. tourn.
pour moitié de mes gaiges deseruiz ou dit office depuis le jour saint Michiel XXIXe jour de septembre
mil ccc iiij^xx et troys derr. pass. inclus jusques au jour
de pasques nouuellement passé X^e jour de ce present
mois dauril exclus. Item ay receu dudit viconte par
la main de Henry Grauenchon marchant de bois pour
quatre quarterons de buche de moolle liurés sur les
cays a Rouen pour mon chauffage compté aus dites
pasques vint liures tourn., de laquelle somme de c l. t.
et du dit chauffage je me tieng a bien paié, et en quicte
le roy nostre dit seigneur et le dit viconte, et promet
deliur. enuers tous. En tesmoing de ce jay miz mon
seel et mon signe a ces presentes lectres de quictance
qui furent faites le derr. jour du mois dauril lan mil
ccciiij^xx et quatre.

ASSIRE.

(Clairambault, *Tit. scellés*, vol. 7, p. 327, orig.
parch. Scel de cire rouge sur queue de parch. — Voy.
la pl. II, n° 4.)

57

1384-1386. — *Robert Assire, maître et enquêteur des eaux et forêts de Normandie, commissaire du roi Charles VI.*

Je ROBERT ASSIRE, maistre des eaues et forez du Roy nostre s. et commissaire de par le dit seigneur sur le fait de la prisee de la terre de Lery, baillee a madame la Royne Blanche, en provision de son douaire, me presentay en la Chambre des comptes du d. seigneur le samedy xiij^e jour daoust mccciiij^{xx} et quatre, et y fis rapport de la ditte prisee en presence des gens du conseil et de ma ditte dame, lesquiex ou non delle la pristrent et accepterent agreablement pour le pris de viij^e xxxxj l. iiij s. vj d. ob. t. deduites toutes charges. Et tant pour le dit fait comme pour autres choses touch. le dit seigneur, demouray a Paris jusques au dymence xiiij jour dudit moys exclus, pour ce compris ens. venir et retour, xij iours. Est p^t en la chambre le XXe daoust iiij^{xx} iiij.

Vicecomes Archiar. Solvatis ROBERTO ASSIRE supra nominato pro xij^{eim} diebuz supradictis pro qual^t die xl s. t. valent xxiiij l. t. Retinendo penes vos presentem cedulam cum littera recogn. de soluto. Scriptum die x^a julii ccciiij^{xx} vj^o.

A. REYMONDETI.   J. GRECE.

(*Pièc. Orig.*, t. 114, doss. 2375, n° 11, parch. Traces de trois cachets de cire rouge.)

58

1384, 19 juillet, Rouen. — Robert Assire, maître et enquêteur des eaux et forêts de Normandie.

Johan Braque, cheualier le Roy nostre sire et Robert Assire, maistres et enques[teurs d]es eaues et forests dicellui seigneur au viconte [dArques] ou a son lieutenant, salut. Sauoir vous faisons que aujour dui nous au[ons] vendu à Michiel le Cauf et Johan du Croq, Marchans... une vente de bois séant en la haie dArques ou lieu dit le Tort que s... dun costé auec quatre arpens qui nagaires ont esté usés et conuertis es repparacions du chastel dArques d'un bout au chemin d... ermont dautre costé aux champs du lieu et de lautre bout à la forest contenant en siege senz emplage vint arpens trois quartiers et demi darpent, si comme par Johan le maistre mesureur du Roy nostre dit Seigneur nous a esté rapporté, chascun arpent de premier denier et dassiete par le pris de cx livres tournois et la cire et greffe monte la somme deux mille deux cens quatre vins seize liurez cinq soulz et la cire et greffe que les dis marchans vous seront tenus paier à six paiemens égaulz de pasques à saint Michiel dont le premier paiement sera à pasques prochain venant terme de couppe et uidenge durant jusques a demi an apres le derrain paiement. Et auons retenu en ce marchié la paisson, les arbres fruit por-

tans six balyueaux en larpent..... les autres condicions
acoustumées. Et acordé aux dis marchans que a ce
marchié eulz puissent accompaignier un seul compaignon pour ce que la dicte vente est trop en voie commune et forte à garder. Et aussi est dit par cest marchié que eulz pourront prendre en la dicte haie
dArques du mort bois ou du sec pour faire en leur
dicte vente une loge pour y gesir de leurs gens quant
besoing sera, retenu pour le Roy que en la fin du
terme de la dicte vente la dicte loge demourra et
sera vendue par le verdier du lieu et les dis marchans
et la moitié de... des deniers rendus entre les explois
dicelui verdier et lautre moitié demourra aux dis
marchans pour la facon. Et seront tenuz les dis marchans coupper le bois si prez terre et telement uidier
et nettoier que il ne puisse estre receppez et que la
reuenue nen puisse ou doie estaindre et ne pourroit
croistre de compagnie oultre le nombre de trois, pro-
mettre donner ne prendre par quoy ou doie lessier à
enchérir ledit marchié. Si vous mandons que caucion
suffisant receue dudit marchié vous en faciez deli-
urance aux dis marchans et leur liurez martel pour en
jouir sauf le terme des encheres qui dureront jusques
a lassencion prouchain venant. Et dudit marchié faictes faire les criées la ou il appartendra.

Donné à Rouen soubz nos seaulz le xixe jour de
juilliet lan mil ccc quatre vins et quatre.

(*Quitt.*, t. XXIX, n° 547, orig. parch. Sceaux perdus.)

59

1385. — *Robert Assire, maître et enquêteur des eaux et forêts de Normandie.*

Ci ensuiuent les ventes ordinaires et extraordynaires des forestz broches et buissons du paiz de Normendie, tant de ce qui en est ou demaine du Roy nostre Sire et en son treſſons, comme de ce qui est en autre fons et demaine et tenu a tiers et dangier, ſaictes et deliureez par nous Jehan Braque, cheualier, et Robert Assire, maistres et enquesteurs des dictes eaues et forestz ou dit paiz de Normendie, dont les premiers paiemens sont a rendre et compter au terme de pasques lan mil ccciiii^{xx} et cinq. Einsi baillé par nous par maniere destat en la chambre des comptes de nostre dit seigneur.

En la viconté de Rouen, ventes ordinaires, etc.

(*Pièc. Orig.*, t. 493, n° 48¹, parch.)

60

1385, 18 février, Rouen. — *Robert Assire, conseiller du Roi, maître et enquêteur des eaux et forêts de Normandie.*

Johan Braque, chevalier, et ROBERT ASSIRE, conseiller du Roy nostre Sire, maistres et enquesteurs des eaues et forestz dicelui Seigneur, au viconte dArques ou à son lieutenant, salut. Nous auons fait veoir et visiter par Guillaume Chastelain, verdier dArques, les demourans et branches des chaufages du chastel dArques, les couppeaux branches et demourans du chauffage au cappitaine de Dieppe de lostel Dieu dArques et les demourans du chaufage au viconte du lieu ou lieu dit le Cardoneux champs en la haye dArques, lequel verdier nous a rapporté que Maheut Charles les a mis de premier denier a vi liures tournois. Et depuis ont esté enchéris et renchéris par pluseurs personnes tant quils sont demourez a Johan de Nestanuille comme derrain encheriseur par x livres tournois, lesquelz il vous sera tenu paier à la Saint Michiel prochain venant, terme de vuyder et menouurer les dis demourans a la penthecouste prochaine venant. Si vous mandons que caucion receue dudit marchant de vous paier la dicte somme vous lui déliurez son dit marchié et len faictes et souffrez joyr par vostre martel ou autre martel tel comme vous lui vouldrez

ordoner. Donné à Rouen souz nos seaulz le xviii^e
jour de feurier lan mil ccciiii^{xx} et quatre.

R. FALUE.

(*Ibid.*, n° 47, parch. — Deux sceaux de cire rouge,
à demi brisés, sur queue de parch.)

61

1385, 25 avril, Rouen. — *Robert Assire, conseiller
du Roi, maître et enquêteur des eaux et forêts de Normandie.*

Johan Braque, cheualier, et ROBERT ASSIRE, conseiller, maistres et enquesteurs des eaues et forestz du
Roy nostre sire au viconte d'Arques ou a son lieutenant, salut. Sauoir vous fais. que aujourduy apres ce
que Johan de Montigny, escuier, verdier de la forest de
Auy, et Johan le Maistre, mezureur des forestz dudit
seigneur, commis de par nous a compter nombrer et
marteller les arbres cheuz et versés en la dicte forest
par les grans vens qui ont esté es dictes parties depuis le jour de Noel derrain passé jusques a orez,
nous ont rappporté que en icelle forest ou lieu dit la
garde de saint Martin sur belencombre hors le deffens, estoient mil trente et sept arbres de hestre et lxv
branches volées cheuz et versés comme dit est, ven-

duz à Pierre de Froques chacun arbre par le pris de iii soulz iiii deniers tournois ovecques cire et greffe monte la somme viii^{xx} xii liures xxi soulz tournois et iii deniers. De la quelle somme sont a rabatre pour poine et sallere des Sergens et ouuriers qui les dis arbres ont debuschiez et aidiez à compter L soulz tournois ; demeure huit vings dix liures dix soulz huit deniers tournois, cire et greffe, que ledit marchant et Vincenot de la Court lequel il a accompaignié a ce marchié vous seront tenus paier en quatre ans et a huit paiemens egaulx de Saint Michiel et de Pasques dont le premier sera a la saint Michiel prouchain venant, le second a Pasques ensuiuant et einsi de terme en terme jusques ad ce que la dite somme soit à plain paiée. Temps de coupper, mennouurer et uidier durant jusques a demy an apres le derrain paiement. Et est accordé aus dis marchans que se durant le temps de leur vente il y cheoit aucuns arbres soubz le nombre de vingt soit par vens, par feu, ou abatus par meffet, que eulx les pourront prendre et ouurer au feur de ceux qui sont comprins et entenduz en ce marchié, pourueu que eulx leur soient liurez et martellez par le verdier sans ce quils puissent estre vendus a autres sils nencherisoient ceste vente, et ne pourront les dis marchans prendre ou donner don ou acquest parquoy ce marchié doye estre lessié à encherir. Si vous mandons que caucion receu des diz marchans, vous leur déliurez ledit marchié et martel pour en exploittier sauf le terme des enchières qui fauldront à la toussains prouchainement venant, et entretant en faictes faire les criées la ou il appartendra.

Donné a Rouen soubz noz seaulz le XXV^c jour
dauril lan mil ccciiii^xx et cinq.

J. Mauchion.

(*Quitt.*, t. XXIX, n° 687, orig. parch. Sceaux perdus.)

62

1385, 25 avril, Rouen. — *Robert Assire, conseiller
du Roi, maître et enquêteur des eaux et forêts de Normandie.*

Johan Braque, cheualier, et Robert Assire, conseillier, Maistres et Enquesteurs des Eaues et foretz du
Roy nostre Sire, au viconte dArques ou a son lieutenant, salut. Sauoir vous faisons que, aujourduy,
après ce que Johan de Montigny, verdier de la forest
de Auy, et Johan le Maistre, mesureur des forestz dudit seigneur, commis de par nous à compter, nombrer
et marteller les arbres cheuz et versés en la dicte forest par les grans vens qui ont esté es dictes parties depuis le jour de Noel derrenier passé jusques à orez,
nous ont rapporté que en icelle forest, au lieu dit la
garde de Torcy le grant, estoient trois cens et cinquante
arbres compris....... lesquelz arbres nous auons vendu
premier denier et dassige à Johan Duarq, chascun arbre pour le pris de quatre soulz tournoiz auecques

cire et greffe, montant à la somme de soixante dix
livres tournoiz, cire et greffe, de laquelle somme sont
a rabatre, pour paine et sallère des sergents et ouuriers
qui les dis arbres ont debuschiés et aidiés à compter,
trente soulz. Demeure pour le Roy soixante huit livres
dix soulz tournois que ledit marchant vous sera tenu
paier en quatre ans et à huit paiemens égaulx de
Saint Michiel et de pasques, dont le premier sera a
la saint Michiel prouchainement venant, le second a
pasques ensuiuant, et ensi de terme en terme jusques
à ce que ladicte somme soit a plain paiée, temps de
coupper, menouvrer, et vuidier jusques à un an apres
le derrenier paiement. Et est accordé audit marchant
que se, durant le temps de sa vente a ly cheoit auscuns
arbres soubz le compte de vingt, soit par vens, par feu ou
abatiz par meffés, eulz les pourront prendre et ouvrer
au feur de ceulz qui sont comprins et entenduz en ce
marchié, pouruceu que eulz leur soient liurez et martellez par le verdier, sans ce quilz puissent estre venduz
à autres sils nenchierissoient ceste vente. Et ne pourra
ledit marchant prendre ou donner don ou acquest
parquoy ce marchié doye estre lessié a enchere et
pourra icelui marchant acompaignier a ce marchié un
compaignon tel comme il lui plaira. Si vous mandons
que caucion receue dudit marchant vous lui deliurez
le dit marchié et martel pour en exploicter sauf le terme
des enchieres qui fauldront à la toussains prouchainement venant, et cependant en faictes faire les criées
là où il appartendra. Donné à Rouen soubz nos seaulx
le XXVe jour dAuril l'an mil CCCIIII^{xx} et cinq.

J. MAUCHION.

(*Pièc. Orig.*, t. 493, N° 49, parch., fruste et rongé.
— Deux sceaux de cire rouge, brisés, sur double queue
de parch.)

63

1385, 26 avril, Rouen. — *Robert Assire, conseiller
du Roi, maître et enquêteur des eaux et forêts de Normandie.*

Johan Braque, chevalier, et ROBERT ASSIRE, conseiller, Maistres et enquesteurs des Eaues et forestz du
Roy nostre sire au viconte d'Arques ou a son lieutenant, salut. Sauoir vous faisons que auiourduy apres ce
que Johan de Monteigni, verdier de la forest de Auy,
nous ot rapporté que en la dicte forest au lieu dit la
garde de Muchedent sont deux mille trois cenz quarante arbres, comptez en ce les arbres de quatre arpens demi et dix perches desquelz le nombre est II^c et
XX, tant en estant comme cheuz, rompuz et versez ouecques lxiiii branches volées, Nous, iceulz arbres, comprin-
ses ens. les dictes branches pour fournissement sans
pris, auons venduz à Johan du croq, chascun arbre par
le pris de III soulz IIII deniers tournois cire et greffe,
monte la somme IIII^c IIII^{xx} X l. cire et greffe, dont il
chiet rabatre, pour paine et salaire douuriers qui les dis
arbres ont aidié a debuschier et ont esté présens à les
compter et marteler, IIII liures X soulz tournois. De-

meure trois cens quatre uins cinq liures dix soulz tournois cire et greffe que le dit marchant et pierre deflocs-
ques, lequel il a acompaignié a ce marchié, vous seront
tenus paier en cinq ans et a dix paiemens égaux dont
le premier sera à la saint Michiel prouchainement venant, le second à pasques ensuivant et einsi de terme
en terme jucques a tant que toute la somme soit à
plain paiée. Temps de coupper ouurer et uuidier durant jucques à un an apres le derrenier paiement. Et
est accordé aux dis marchans que se durant le temps
de leur vente il estoit trouvez aucuns arbres oublies a
compter ou de nouuel cheus par nouueaulx vens jucques au nombre de vingt soit par mescompte par feu
ou pour les abatre par meffait, que eulz les pourront
prendre et ouurer et apliquer en la dicte vente au feur
et pris que vendu leur est et que comprins et entenduz ou a entendre sont en ce marchié. Pourueu que
eulz leur soient liurez et martelez par le verdier de la
dicte forest sens ce que ilz puissent estre venduz a estranges separéement ou se ilz ne en encherissoient
tout ce present marchié. Et ne pourront les diz marchans
faire don ne prendre acquest parquoy ce marchié doye
demourer a estre enchiéry sur la paine que y appartient. Et si est retenu pour le Roy en ce marchié que
les quatre arpens demi et dix perches contenans IIᶜXX
arbres comme dit est, demourront en deffens comme
vente ordinaire bournée et séparée par les mercs et signes qui y ont esté mis et que ce soit notifié et publié
es plaiz de ladicte forest afin que aucun ne le doye
ignorer et que pour hant de bestes la reuenue nen
doye estre degastée. Si vous mandons que caucion re-

ceue des diz marchans vous leur deliurez le dit marchié et martel pour en exploicter sauf le terme des
encheres qui fauldront a la Toussains prouchaine venant. Et entretant en faictes faire les cryees la ou il
appartendra. Donné à Rouen soubz nos seaulx le
XXVIe jour dauril lan mil CCCIIII^{xx}et cinq.

R. FALUE.

(*Quitt.*, t. XXIX, N° 688, orig. parch. Sceaux perdus.)

64

1385, 17 mai, Rouen. — *Robert Assire, conseiller
du Roi, etc.*

Johan Braque, cheualier, et ROBERT ASSIRE, conseiller du Roy nostre sire, maistres et enquesteurs des
Eaues et forestz dicelui seigneur, au viconte dArques
ou à son lieutenant, salut. Sauoir vous faisons que le
XIXe jour dauril derrain passé, Rogier Cabone detorcy
le petit mist en nostre main un denier dieu sur les
caables cheuz et versez en la forestz de auy ou lieu dit
la vente de Lesnape de Ricaruille pieca usée par Michel Houe et Raol Butin au feur de VI soulz VIII deniers pour arbre, et pour ce que lors len ne sauoit le
nombre des arbres, mandasmes au verdier de la dicte
forest que il les comptast et martelast et nous en res-

crisist ou rapportast le nombre. Lequel compte il nous a jourduy rescript par Lucas Beaucousin estre devint et quatre arbres qui montent ou pris dessus dit X livres tournois. Et ouecques ce nous a rapporté que en la main de son dit maistre le verdier ont esté mises trois enchieres sur le dit marchié, la première par Adam picques, la seconde par ledit Cabone et la tierce par Colaz mauplume. Einsi monte la somme sens cire et sens greffe treze liures tournoiz que ledit marchant vous sera tenu paier moitlié a la saint Michel prouchaine venant et moittié à pasques ensuivans. Temps dourer et de wider durant jusques au derrenier paiement. Et par cest contrault ledit marchant pourra prendre des bureaux et vieilles choucques demourées apres la vuydenge de la dicte vente se il lui plaist. Et pourra auoir un compaignon seullement lequel il vous nomera en vous presentant ces lettres, lesquelles il vous doit presenter dedens XV jours apres la dabte dicelles ou paier une enchiere. Si vous mandons que caucion receue dudit colaz vous lui deliurez ledit marchié et martel pour en exploitter. Sauf le terme des enchières qui fauldront le dymence apres la Trinité prouchainement venant deuant vous a arques. Et entretant en faictes faire les crieez la ou il appartendra. Donné à Rouen souz nos seaulz le mercredi XVII^c jour de may MCCCIIII^{xx} et cinq.

R. Falue.

(*Ibid.*, N° 705, orig. parch. Sceaux perdus.)

65

1386, 16 février, Rouen. — *Robert Assire, maître et enquêteur des eaux et forêts de Normandie.*

Johan Braque, chevalier, et ROBERT ASSIRE, maistres et enquesteurs des eaues et forestz du Roy nostre sire, au viconte [d'Auge et du] Pontautou ou à son lieutenant, salut. Savoir vous faisons que aujourdhuy Raoul de Lieuvin, es [né filz de..... de Li] euvin, pour et ou non de son dict père....... dune tasse de bois tenu à tiers et dangier de [nostre dict seigneur.... nom]-mée les Chesnois, sis en la paroisse de Tregent........ Et cependant en faictes faire les criées là ou il appartendra. Donné à Rouen soubz nos seaulx le vendredi XVI⁰ jour de feurier lan mil CCC iiij×× et cinq.

J. MAUCHION.

(*Quitt.*, t. XXX, N⁰ 843, orig. parch. Deux Sceaux, dont un seul subsiste, fruste et brisé, en cire rouge sur queue de parch. — Cette pièce est presque entièrement effacée.)

66

1386, 20 juillet. — *Robert Assire, maître des Eaux et forêts du Roi.*

Sachent tous presens et avenir que je ROBERT ASSIRE, maistre des eaues et forestz du roy nostre S. Congnois avoir eu et receu du dit seigneur vint quatre livres tourn. comptans par la main de homme sage et pourveu Jehan le Prevost, viconte dArques, pour mon sallaire et despens de estre alé de Rouen a Paris ou moys daoust mccciiij^{xx}et quatre derr. passé en la chambre des comptes dudit seign. faire mon rapport de la prisiee ou assiete de la terre de Lery bailliee a Madame la Royne blanche en provision de son douaire, ouquel voiage je demouray, alant, seiournant et retournant par xij jours fenissans comme contenu est en la cedule de mess. de la chambre des comptes de nostre d. seigneur a Paris fais. de ce mencion soubz trois de leurs signes. De laquelle somme de xxiiij l. t. a moy paiee par mandement de mes diz seigneurs de la ditte chambre je me tien a bien paié, et en quicte le Roy nostre d. seigneur, le dit viconte et tous à qui quictance en appartient. En tesmoing de ce jay mis a ces lettres mon propre seel et mon signe manuel le XXe jour de juilet mccciiij^{xx} et six.

ASSIRE.

(*Pièc. Orig.*, t. 114, doss. 2375, n° 12, parch. Sceau perdu.)

67

1386, 16 octobre. — *Robert Assire, maître et enquêteur des eaux et forêts du Roi.*

Sachent tous que Je ROBERT ASSIRE, maistre et enquesteur des eaues et forestz du Roy nostre s. Congnoiz et confesse avoir eu et receu dudit seign. par la main de homme sage et pourveu Johan des Wys, viconte du Pontautou, la somme de cent livres tourn. qui mestoient deuz du terme Saint Mich. nouvellement passé pour cause de mes gaiges de servis ou dit office, entre le terme de pasques derr. passé et la ditte Saint Mich. et dont jestoie assigné sur la recepte de la ditte viconté, de la quelle somme de c l. t. et de tous les termes pass. je me tien a bien content, paié et agrée, et en quicte le roy nostre dit seign. ledit viconte et tous autres à qui il peut appartenir. En tesmoing de ce jay mis à ces lettres mon propre seel et mon signe manuel, le mardi XVIe jour doct. lan mil ccc iiij^{xx} et six.

ASSIRE.

(*Ibid.*, N° 13, orig. parch. Scel de cire rouge sur queue de parch. — Voy. la pl. II, N° 4.)

11*

68

*1387, 14 février, Rouen. — Robert Assire, maître
et enquêteur des eaux et forêts.*

Johan Braque, cheualier, et ROBERT ASSIRE, maistres et enquesteurs des eaues et forestz du Roy nostre
sire, au viconte du pontautou ou à son lieutenant,
salut. Sauoir faisons que nous auons receu et retenu
les lettres patentes de nobles et puissans seigneurs
Messires Mouton sire de Blainuille, cheualier mareschal de France, Johan de Garenchieres, cheualier,
seigneur de Croisi, maistre Robert dEstouteuille, archediacre du Neubourc, et Messire Johan de la Heuse,
chevalier, seigneur de Queuilly et de Bailleul, tuteurs
et curateurs ordenés par justice de Johan Crespin, escuier, soubz aagé, filz et heritier de feu Messire
Guillaume Crespin, jadis cheualier et sire de Mauny,
et prouchains amis dudit soubz aagé, contenant la
fourme qui ensuit. A tous ceuls qui ces lettres verront
Mouton, sire de Blainville, mareschal de France, Johan de Garenchieres, cheualier, seigneur de Croisy,
Robert dEstouteuille, archediacre du Neufbourc, et
Johan de la Heuse, cheualier, seigneur de Queuilly et
de Bailleul, tuteurs et curateurs ordenez par justice de
Johan Crespin soubz aagé, filz et heritier de feu Messire Guillaume Crespin jadis cheualier, sire de Mauny,
et prouchains amis dudit soubz aagé, salut. Sauoir fai-

sons que nous, bien conseilliez et aduisez et deuement
infourmés du besoing et grant nécessité que ledit
soubz aagié a de present de auoir et recouurer che-
uance de deniers tant pour soy acquitter des debtes
acreues a pluseurs personnes du temps de son feu
pere comme pour réparer et mettre en estat deu ses
maisons, manoirs, moulins et autres edifices et choses necessaires pour ledit soubz aagé, auons par bonne
et meure deliberacion et ouec pluseurs des autres amis
diceluy aduisé et ordené pour lui et en son nom a
faire une vente en la forest de Mauny tenue a tiers et
dangiey du Roy nostre sire laquelle nous auons fait
roupter et mesurer et contient cinquante acres.....
rapportées par Johan le maistre mesureur du Roy
nostre dit seigneur assises en deux pieces tenant de
toutes pars à la dicte forest, et icelles cinquante acres
ainsi mesurées auons vendues pour et au prouffit dudit
soubz aagé tant pour sa part comme pour la part du
Roy nostre sire a Johan Poictrine chascune acre au feur
de XX liures tournoiz, pour tout monte la somme
mille liures tournoiz, cest assauoir pour la part dudit
soubz aagé V^c LXVI liures xiii soulz iiii deniers tournoiz a paier au receveur dudit soubz aagé aux termes
dont nous et ledit marchant sommes à accort. Et
pour la part du Roy nostre dit Seigneur iiii^c xxxiii liures
vi soulz viii deniers ou xxi acres demie, xxvi perques
et deux tiers de perque a prendre en bois en la dicte
vente se il lui plaist. Si requerons de par le Roy
nostre dit seigneur et prions de nous aus maistres des
Eaues et forestz dudit seigneur en Normendie que de
la dicte vendue ainsi faicte par nous audit Poictrine il

leur plaise donner leurs lettres adreçantes au viconte
du pontautou ou a son lieutenant ou a autres a qui il
appartendra pour le souffrir exploicter de la dicte
vente en la maniere quil est acoustumé faire en tel
cas senz luy donner aucun empeschement. En tesmoing des choses dessus dictes nous auons mis nos
seaulx a ces presentes lettres qui furent faictes et
données le xxe jour de juilet lan mil ccc iiii^{xx} et six.
— Veues lesquelles lettres dessus transcriptes auons eu
agreable la vendue des cinquantes acres de boiz dont
mencion est faicte en icelles et acordé pour le Roy
nostre dit seigneur audit Johan Poictrine marchant de
la part de Johan Crespin soubz aagé que il ait la part
du Roy au feur de xx liures tournois pour acre a en-
chière, laquelle part monte au compte de xxi acres
demie xxvi perques et deux tiers de perque iiii^c xxxiii
liures vi soulz viii deniers tournoiz laquelle somme il
vous sera tenu paier en quatre ans et a huit paiemens
égaulx de pasques et Saint Michiel, dont le premier
sera à pasques prouchainement venant, le second a la
Saint Michiel ensuiuant et ainsi de terme en terme
jusques atant que la dicte somme soit à plain paiée,
terme de couppe et widenge durant jusques au dernier paiement.

Si vous mandons que caucion receue dudit marchant
de vous paier la dicte somme vous lui deliurés ledit
marchié et martel pour en user et pour en marcquer la
part dudit soubz aagé sauf le terme des enchières qui
durra jusques au soir de lascencion prouchainement
venant, et entretant en faictes faire les criées la ou il
appartendra. Et pour ce que depuis la vendue faicte

des cinquante acres de boiz dessus declairez il nous
est apparu par lettres patentes du Roy nostre dit seigneur données à Hesdin le xxvᵉ jour de Mars derrain
passé et verifiées par lettres de Nosseignenrs les genz
des comptes et par monseigneur Charles sire de Chas-
teillon cheualier chambellan du Roy et souuerain
maistre et reformateur des eaues et forestz du royaume
de France adrecans à nous et a vous, contenant comme
pour lamour que nostre dit seigneur a au sire de Torci son chambellan et pour les bons et agreables ser-
uices quil lui a faiz ou temps passé et fait de jour en
jour il lui a donné tout le droit de tiers et dangier que
il a et pourra auoir en la vendue de cinquante acres des
bois de Mauny appartenans a Johan Crespin soubz
aagé touteffois que par les amis dicelui soubz aagé en
sera vente faicte, si comme ce et autres choses sont
plus à plain contenues es dictes lettres royaulx et vé-
rificacions atachées ensembles et lesquelles nous vous
enuoions auecques ces presentes afin de les accom-
plir en tant comme a vous appartient en telle manière que le dit sire de Torci en doye estre content. Donné à Rouen soubz nos seaulz le xiiiiᵉ jour
de feurier lan mil CCC IIIIˣˣ et six.

Collacion faicte,   J. Mauchion.

(*Quitt.*, t. XXXI, Nº 990, orig. parch. Sceaux perdus.)

69

1387, 15 juillet, Rouen. — Benoît Assire, au service du Roi, dans la compagnie d'arbalétriers à cheval du capitaine Alberto Spinola.

La monstre de Albert de Lespine, capp^e, d'un connestable et vint et nueuf autres compaignons arbalestiers à cheval de sa comp. receu au clos des galliez le XVe jour de juillet lan milccc iiij^xx et sept.

Premièrement, le dit Albert, cappitaine.

Le roux de Final, connestable.

Tomelin de la tour de Millan.

Robert dartona.

Gregois dassouili.

Anthoine de Nevene.

Breton dabreli.

Jehan de Jennez.

Benoist Assirre.

Francequin de Milan.

La franc de la gabelle.

Jehan de Dublaims.

Guillaume darcona.

Anthoine Baritte.

Angelin Rastelin.

Jehan de Nisse.

Apugne de Sarrevalle.

Courant de Montbarquet.

Turan de Montessore.

Oudin darresin.

Paupel dassouily.

Leon de Pirrolle.

Jehan Valete.

Aubert Secot.

Anthoine Ponsseure.

Francequin Rufe.

Jaquemin de Sourseule.

Pierre Cathelan.

Ratin Panier.

Jasques Morieust.

Jasques de Mathenin (ou Mathevin.)

(Clairambault, *Tit. scellés*, vol. 104, p. 8114. — On trouve, dans la coll. des *Pièc. orig.*, doss. 39520 [Lespine,] nᵒˢ 8-13, d'autres montres d'Alberto Spinola, antérieures à celle-ci et dans lesquelles ne sont vus que des arbalétriers de Gènes ; Benoît Assire n'y figure pas, ni aucun autre français. Il est présumable que la guerre avait fait, dans la comp. du capitaine génois, des vides qu'il combla en enrôlant des volontaires de Rouen.)

69[2]

1388, 9 fév., Paris. — Ordonnance de Charles VI portant réduction du nombre des officiers du Roi et nommant ceux qui doivent rester en place.

Charles par la grace de Dieu Roy de France. Savoir faisons a touz presens et auenir que pour la grant multitude et nombre des officiers qui estoient tant en la chambre de noz comptes, comme en nostre Tresor a Paris, et aussy sur le faict de nos monnoyes et des eaues et forestz, et avec ce es offices de noz secretaires et notaires, de noz sergens darmes et huissiers darmes, et aultres, dont a cause des gaiges et aultrement avons eu tres grans charges et suporté pluseurs fraiz, mises et despens, par quoy nostre demayne et noz aultres finances estoient moult diminuées et appeticées de valleur envers Nous, et nen venoyent pas tant ne si largement a nostre prouffict comme il souloit anciennement faire... Ordonnons et instituons les gens et le nombre des personnes cy dessoubz desclairées, et non aultres.

Et prem[t], en la chambre de noz comptes... noz amez et feaulx conseillers Nicolas Bracque, Pierre de Chevreuse, Jehan le Mercier, chevaliers... Les maistres lays : nos amez et feaulx Estienne Bracque et maistre Nicolas de Plancy; et pour ce que Nous avons le dit maistre Nicolas fàict et ordené nostre general conseiller sur le faict des aides de la guerre...

Item, seront et demourront maistres de noz eaues, forestz et garennes, cest ascavoyr nostre amé et feal cousin le sire de Chastillon, le quel Nous ordenons sur le fait de noz garenestant seulement... Jacques lempereur, Criquet de la Crique, pour les forestz de Champaigne, Brye, France et Picardye ; nostre et feal chevallier Jehan Bracque de Rouen et ROBERT ASSIRE pour Normandye ; le sire d'Aigreville en lieu de Jehan Bracque, chevalier et maistre de nostre hostel, et Jaques Renart pour les pays dOrlienois et de Tourayne ; et Jehan de Garencieres, chevalier, pour les terres que souloit tenir le Roy de Navarre en France et en Normandye... Ce fu faict a Paris en nostre chastel du Louvre le IXe jour de feburier lan de grace 1387 et de nostre regne le 8^e

(*Ordonn. des Rois de France*, t. VII, p. 174-177.)

70

1388, 23 mai, Rouen. — *Robert Assire, maître et enquêteur des eaux et forêts du Roi.*

Jehan Braque, cheualier, et ROBERT ASSIRE, maistres enquesteurs, des eaues et forestz du Roy nostre sire au viconte dArques ou à son lieutenant, salut. Sauoir vous faisons que aujourdhui Robert Ancel nous a presenté les lettres du Roy nostre sire, adreçans à

nous et à vous, au transcript desquelles ces presentes
sont attachées soubz lun de nos signes, et que comme
par vertu dicelles et en les acomplissant en tant
comme à nous appartient, Nous, infourmés suffisam-
ment de la vie, renommée et suffisance du dit Ancel,
icelui auons institué en loffice de sergenterie de la forest de Auy nommée la Sergenterie de Torcy le grant,
dont mencion est faicte es dictes lettres à lui données
par le Roy nostre dit Seigneur comme uaccant par la
resignacion de Jehan Doré, nagueres possesseur dicellui office, à le tenir aux drois, prouſiz et émolumens
acoustumés. Lequel transcript, passé et veriffié en la
chambre des Comptes par Nosseigneurs illec et scellé
au dos de sept de leur signes, nous vous enuoyons
pour le executer et acomplir en tant comme à vous
touche. Doné à Rouen souz noz seaulx le XXIIIe jour
de may mil CCC iiij^{xx} et huit.

LAGUESPE.

Au bas est ecrit :

Registré ou pa. des memores de cest temps ou
XXXIX fo.

(Pièc. orig., t. 493, doss. 11104, n° 37, parch. Scel
de cire rouge sur queue de parch. — Même dossier,
n° 130, copie du xviiie siècle sur papier, avec dessin
des sceaux de J. Braque et R. Assire.)

71

1388, 14 juin, Rouen. — *Robert Assire, maître des eaux et forêts.*

Johan Braque, cheualier, et ROBERT ASSIRE, maistres et enquesteurs des eaues et fores du Roy nostre sire. Au viconte du Pont de larche ou a son lieutenant salut. Sauoir vous faisons que aujourduy nous auons vendu à Mahieu Hays marchant de boiz une vente de boiz en la forest de Bort treffons et demaine du Roy nostre dit seigneur au lieu dit la vente gaenne, tenant dun costé a la vente que tient illec Mahieu Hays dun bout aux camps de la haie malerbe et des autres pars la forest du Roy nostre dit seigneur, contenant trente arpens et demi quart darpent de boiz gastey et foré des coustumiers ou feur de viii liures chascun arpent de premier denier auecques cire et greffe, monte la somme deux cens xvi liures tournoiz et la cire xviii livres xviii deniers tournoiz. Somme toute deux cenz cinquante neuf liures dix et huit deniers tournoiz à paier en troiz ans et a six paiemens égaux de Saint Michiel et de Pasques dont le premier sera à la Saint Michiel prochain venant auec le greffe et ainsi de terme en terme jusques à ce que la dicte somme soit à plain payée, temps de couppe et vuidenge durant demi an apres le derrain payement. Et auonz retenu à ce marchié six baliveaux en larpent des arbres fruit

portans, la paisson des arbres avec les autres condi-
cionz acoustumeez, et pourra ledit marchant accompaignier a ce marchié un autre marchant ou compaignon tel comme il lui plaira, pourueu quil
soit receuable a tenir marchiez Royaulx selon les ordenances derraines faictes sur les forez. Et si ne
pourra faire don ou acquest ou le prendre parquoy ce
marchié doie estre retardié a enchérir. Si vouz mandons que caucion receue dudit marchant de vous
paier la dicte somme, vous lui deliurés ledit marchié
et martel pour en exploiter. Sauf le terme des enchieres qui durront jusques à la Toussains prochain venant.
Et entretant en faictes faire les criées la ou il appartendra. Donné à Rouen soubz noz seaulz le xiiiie jour
de juing mil ccc iiii^{xx} et huit.

GUILLEMIN.

(*Quitt.*, t. XXXII, n° 1202, orig. parch. Sceau perdu.)

72

1388, 19 novembre, Rouen. — *Robert Assire, maître et enquêteur des eaux et forêts.*

Jehan Braque, chevalier, et ROBERT ASSIRE, maistres
et enquesteurs des eaues et fores du Roy nostre S. Au
viconte de Rouen ou a son lieutenant salut. Savoir
vous faisons que aujourduy Jehan le Boulengier, dit
Alain le jeune, nous a presenté les lectres du roi nostre dit seigneur adreçant a vous et a nous au trans-

cript des quelles ces presentes sont attachées souz lun
de noz signes, et que par vertu dicellez, en les acomplissant entant comme a nous appartient, nous, infor-
mez suffis. de la vie, renommee et suffisance du dit
Boulengier, icelluy avons institué en loffice de sergenterie de la forest de Rommare dont mencion est
faitte es dictes lectres a lui donn. par le Roy nostre
dit seigneur comme vacant par la resignacion de Jehan le Boulengier, dit Alain laisné, nagueres possesseur dicelluy office, a le tenir et exercer aux drois,
profis et emolumens acoustum., lequel transcript,
passé et veriffié par la chambre des comptes, par nosseigneurs illec et seellé au doz de quatre de leurs signes, nous vous envoyons pour le executer et acomplir entant comme a vous touche. Donné a Rouen
soubz noz seaulx le xixe jour de novembre mccciiij^{vx} et
huit.

Laguespe.

(*Pièc. Orig.*, t. 447, doss. 10112, n° 2, orig. parch.
Sceaux perdus.)

73

1389, 24 février, Arques. — *Robert Assire, maître
des eaux et forêts.*

Johan Braque, cheualier, et Robert Assire, maistres
et enquesteurs des yeaus et fores du Roy nostre sire,

au viconte dArques ou a son lieutenaut, salut. Scauoir vous faisons que nous aians de nouuel fait enquerre et nombrer et marteler les arbres qui depuis le premier jour de januier desrain passé jusques aujourduy sont cheux, rompus, estoquiés en la haye dArqs, auons trouvé par le raport de Johan le Mestre mesureur du Roy nostre sire à la compaignie de Guillaume Chastelain verdier de la dicte haye et les sergens des gardes qui ont esté présens et aidés aus dis arbres esquerre nombrer et marteler huit vings et deux en somme toute avalués, lesquieulx huit vings et deux arbres nous auons vendus de premier denier à Guillaume le Cauf huit vings liures ouecques cire et greffe, vault la cire douze liures, somme toute huit vings et douze liures et le greffe dont il chist pour la poine des ouuriers qui aidierent a debucher les dis arbres et pour les despens des sergens qui ont estés presens lesquieulx ont aidié a faire le compte et mercage, soixante soulz. Demeure pour le Roy huit vings et neuf liures et le greffe à poier aux trois paiemens, le premier aux pasques prochain venant, le second à la saint Michiel ensuivant et ainsy de terme en terme jusques a ce que la dicte somme soit toute paiee, terme douurer et vider jusques au derrain paiement. Et pourra ledit marchant accompaignier un compaignon tel come il voudra nomer en vous presentant ces lettres lesquelles lettres il vous sera tenu presenter de deux le XVe jour apres la date. Si vous mandons que cauxion receue dudit marchant vous luy faces delivrer son dit marchié et martel pour en user si comme il est acoustumé en pareil cas sauf le terme des encheres qui faurront à lasumpcion prochain ve-

nant, et entretant en faictes faire les criées ou il appartendra. Donné soubz nos sceaulx à Arques le XXiiij^e
jour de feurier lan mil CCC IIII^xx et huit.

(*Quitt.*, t. XXXII, n° 1322, orig. parch. Sceaux perdus.)

74

1389, 13 juillet. — *Robert Assire, ex-maître des
eaux et forêts du Roi.*

Sachent tous que Je Robert Assire, nagueres maistre et
enquesteur des eaues et forestz du Roy nostre S. Congnois et confesse avoir eu et receu de homme saige et
pourveu Jehan des Wys, viconte du Pontautou, la
somme de sept livres dix soulz torn. qui taux. me furent en la chambre des comptes du Roy nostre dit
seigneur a Paris par nosseigneurs illec, le XXj^e jour
de May derrain pass. pour mez despens de cinq jours.
que je miz a porter à Paris lestat des forestz du temps
Mons. Jeh. Braque, chevalier, mon comp. et moy, a
seiourner illec et retourner acompaigné de trois chevaux, de laquelle somme de vij l. x s. t. je me tien a
bien paié et en quicte le Roy nostre dit seigneur, le
dit viconte et touz autres a qui quictance en puet et
doit appartenir. En tesmoing de ce jay mis à ceste
quictance mon propre seel et mon saing manuel, qui

fu faitte le mardi xiij^e jour de juilet lan de grace mccciiij^{xx} et neuf.

ASSIRE.

(*Pièc. Orig.*, t. 114, doss. 2375, N° 14, parch. Scel de cire rouge sur queue de parch. — Voy. la pl. II, N° 4.)

75

1393, Rouen. — *Épitaphe de Robert Assire.*

« Sépultures de remarque et épitaphes qui sont dans l'église et dans le couvent des religieux Cordeliers.

« Aux galeries du cloître :
« Gist ROBERT ASSIRE, trésorier de France et maistre
« des eaux et forests, qui mourut l'an 1393. »
(Dom Farin, *Histoire de Rouen*, éd. 1668, III. p. 285.)

76

1421, février, Rouen. — *Lettres de rémission pour Nicolas, dit Colin Assire, aliàs Asire.*

Henri, roi, a nostre bailli de Caen ou a son lieuten.
et a tous nos aultres Justiciers, salut. Humble suppli-
cacion des amis charnielx de COLIN ASIRE, natif du
bailliage de Caen, poure homme de labour char-
gié de femme et troys petys enffans, come len dit,
avons receu conten. Comme a loccasion de la guerre
le dit ASSIRE ait mout perdu du sien, et en lannée de
nostre conqueste de nostre pais de Normandie, pour
la nécessité de vivre que lui sa femme et enffans avoient,
lui et pluseurs aultres, en quel compaignie il estoit,
meu de convoitise et par temptacion de lennemy, pren-
drent et emblerent quatre bestes ouuailles apparten. à
labbé de Saint Estienne de Caen, et icelles bestes ven-
dirent ou firent vendre oult. la rivere de Trouart, de
laquelle vente le dit ASIRE out pour sa part la somme
de xlv st., pour lequel cas, doubtant regueur de justice, il sest absenté dudit pais et ny oseroit retourner,
se, sur ce, ne lui estoit nostre grace impartie. Pourquoy,
en consideracion aux choses dessus dictes et que onques mès, come len dit, le dit ASIRE ne fust reprins,
actaint, et ne convaincu daucun aultre villain cas ou
reprouche, voulans misericorde preferer a rigueur de
Justice, de nostre grace especial plaine puissance et
auctorité roial, nous, ou cas dessus dit, au dit ASIRE
avons quité, remis et pardonné le fait et cas dessus
dit, avec tout paine, offence et amende corporelle,
criminelle et civille en quoy il est ou pourroit estre en-
coru envers nous et Justice. Si le restituons a sa bonne
fame et renommée au pais et a ses biens non confisqués, satisfaccion faite a partie civillement tant seullement, se faicte nest, et imposons sur ce scillence per-

petuelle a nostre procureur. Si vous mandons, commandons et expressement enjoignons que nostre dit grace, remission et pardon vous faictes, souffrés et lessiés ou dit cas le dit ASIRE jouir et user plainement et paisiblement, sans lui faire ne souffrir estre fait aucun destourbier ou empechement en corps ne en biens, au contraire. Car ainsi nous plaît il estre fait. A icelui ASIRE lavons ottroié et ottroions de nostre dit grace et auctorité roial, non obstant coustume, stille ou osage de pays et lectres sureptices impetrees on a impetrer a ce contraires. et affin que ce soit chose ferme et estable, avons fait mettre nostre seel a ces presentes. Données à Rouen, ou moys de Feurier mil iiij^c et vingt, et de nostre regne huitiesme.

Per ipsum Regem ad relacionem magni consilii.

(Arch. de la Tour de Londres, *Norman Roll*, part. III, membrane 17.)

77

Même date. — Même objet.

Catalogue des rolles gascons, normands et français, conservés dans les archives de la Tour de Londres, tiré d'apres celui du garde des dites archives et contenant le precis de tous les titres qui s'y trouvent concernant la Guienne, la Normandie et les autres provinces de la France, sujettes autrefois aux rois d'Angleterre.

......Rotulus Normanniæ de anno 1420-1421, mem-

brana 17 : De pardonatione pro NICHOLAO ASIRE.
(Th. Carte, *Catal. des rolles*, etc., t. I, p. 355.)

78

1480, Rouen.

GUILLAUME ASSIRE, sieur d'Eaupley, bourgeois de
Rouen, syndic des marchands de place unis, épouse
Anne Crevel. [1]

(Voy. ci-après le N° 92.)

79

1485, 22-29 mars. — *Thomas Assire, archer de la
compagnie de cent vingt lances fournies, établie par le
Roi en son duché de Normandie.*

                              1484.

(Ce Roolle est en parchemin.)

Roolle de la monstre et reveue faite a Rouem Mauni
et Caen les 22, 25, et 29e jrs de mars 1484 du nombre
de 120 ll. fournies de petite paye establies et mises sus

[1] Richard Crevel, chevalier normand, sert à l'ost de Flandres
avec Odoard Assire, en 1301 et 1302. *(Preuves, n° 3.)*

de par le Roy nostre sire en son pais et duché de Normandie au lieu de 80 lances fournies de la grande ordonnance dud. Sg^r estans sous la charge et conduicte
des cap^es cy apres declarés.

Cest assauoir, M^r le conte de Mauleurier, grand
seneschal de Normandie, 30 lances, et sous Jean Martel, sg^r de Fleurs, 12 lances et demy, et sous s^r Colas
de Moy, chevalier et bailly de Rouem, 16 lances ; sous
Mre Jean de Dreux, chevalier, 16 lances ; sous Mre Nicolas de la Croix, 12 lances et demie ; sous Mre Jean
de Vassy, chevalier, Sg^r de la Forest, 12 lances et demye ; et sous Mre Jehan de la Luiserne, chevalier, 12
lances et demye ; et soubs Mre Guill. de Roville, leurs
personnes comprises, par nous, Jean Mannourry, chevalier, Sg^r du Mont de la vigne, con^er et chambellan
du Roy nostre sire et commiss^re ordonné par M^rs les
mar^aux de France comme par la commission puet plus
aplain apparoir, icelle monstre et reveue seruant a
lacquit de Guillaume de la Croix, conseiller et tresorier des guerres dudit sieur, pour un quartier dan
commencant le premier jour de januier dernier passé
et finissant le dernier jour de ce present mois de
mars, desq^ls hommes darmes et archers les noms et
surnoms sensuivent.

Et premièrement :

HOMMES DARMES

Le grand Seneschal.

Mre Colas de Moy [1], chevalier.

---

1 Colart, *aliàs* Goulart de Moy, sire de Moy, chevalier de l'ordre de Saint-Michel, chambellan des rois Louis XI et Charles VIII,

Mʳᵉ Jean de Dreux, chevalier.

Mʳᵉ Nicolas de la Croix, chevalier.

Mʳᵉ Guillaume de Roville [1], chevalier.

Mʳᵉ Jean Martel, chevalier.

Mʳᵉ Phelippe de Rassay, chevalier.

Mʳᵉ Jean de la Luiserne, chevalier.

Mʳᵉ Henry Carbonnel, chevalier,

Mʳᵉ Gauvain de Dreux, chevalier.

Mʳᵉ Jean de Colligny, chevalier.

Mʳᵉ Jean de Vausemer [2], chevalier.

Gilles Daillon.

Jean Baucher [3].

Jean de Normanville.

Ferrant de Brezé.

Jacques Martel.

Jean de Breauté.

Jaques d'Argouges.

Le bourg de Brezé.

Rogier de Normanville.

Guillaume d'Espreville.

Le bastart Warlin.

---

bailli de Rouen et de Cotentin, « réputé l'un des plus vaillans chevaliers de son tems ». (D'Hozier.)

[1] Rouville.

[2] Fils de Marie d'Yvetot, dame de la Rivière-Bourdet, et petit-fils de Martin, roi d'Yvetot. (O. de Poli, *Les seigneurs de la Rivière-Bourdet*, p. 11-12.)

[3] Jean Baucher, sire de la Forest, en Anjou, et roi d'Yvetot par son alliance avec Clémence du Dresnay, veuve de Guillaume Chenu. En 1485, il était capitaine du pont de Rouen, « et, le jeudi 14 août, lorsque Charles VIII fit sa joyeuse entrée dans cette ville, les clefs en étaient portées par le roi d'Yvetot ». (L.-A. Beaucousin, *Hist. de la princip. d'Yvetot*, p. 111.)

12*

Christophle le Bouteiller.
Bertrand Ayeul.
Arnoul desproquilles.
Pierre de Rasse.
Jean Maesseline [1].
Le brun de Sallenelles.
Guillaume dorsure [2].
Jean de Pommereul.
Phelippes de la Garenne.
Lois de Tournebu.
Guillaume Gazeau.
Denisot des Essars.
Guillaume du Brouillet.
Guillaume de Saint Aignen.
Guillaume de Courcy.
Richart du Quesnoy.
Huguet du Pestsin.
Jaspart, bastard de Clere.
Jean le Monnier.
Jean dupont.
Martin de Lynaye.
Dauid le Preuost.
Robinet de la Haye.
Richart Braquemont.
Jean de Quenouville.
Regné de S[t]Ouen.
Jean de Morcamp.
Jean de Normanville.
Cardinot des Essars.

1 Mazeline.
2 Oursières?

Gauvain d'Ouvenel.
Jaques de Bethancourt.
Jeanne de Beaucourt.
Adrien d'Abancourt.
Pierre de Croismare.
Jean d'Orbec.
Alexandre la Caille.
Martin la Caille.
Jean des Prés.
Berenger Charles.
Jacques de Dreux.
Rogier Herez.
Pierre de Fontaines.
Thibaut de Pictres[1].
Hector Berengier.
Tassin de l'Estre.
Anthoine du Mesnil.
Jean destourtis[2].
Alain de Recusson.
Guillaume Regnart.
Louis le Bouteiller.
Robinet Hellart.
Guillaume Marguerie.
Nicolas, bastart d'Assigny.
Robert de St-Bellimont[3].
Guillaume de Herbouville.
Guillaume de Moucy.

[1] Pitres.
[2] Des Courtis.
[3] Saint-Blimont.

Laurent de Cenevelles [1].

Jean de Malleville.

Raoullequin Aubourg.

Jean du Souche.

Guion de Houteville.

Pierre le Roy.

Jean Carnel [2].

Jean le Cerf.

Jean de la Lende.

Jean de Bures.

Guillaume de Longaulnoy.

Gilles de Mathan.

Rogier de Montagu.

Richart de Troismons.

François de Lesernerac [3].

Lois de Tiervile.

Jean Pellerie.

Charles des Essars.

Cardin des Essars.

Jaques de Rupierre.

Morice Suhart.

Pierre Saffray.

Fouquet le Queu.

Marguerin de Ste Marie.

Jean Patrice [4].

Guillaume de la Pré.

Thomas de Bordeaux.

[1] Chenevelles.
[2] Caruel ?
[3] Lesnerac.
[4] Patry.

Michel de la Haye.

Phelippes de Tierville.

Guillaume de Ste Mère église.

Jean Taffin [1].

Richerot du Buret.

Jean de Pierrepont.

Pierre de Thionville.

Pierre de Guimonville.

Sauxon [2] de St Germain.

Jean de Langonne.

Jean de Ste Marie.

Gautier Bazan.

Hervé de Longaulnoy.

Benoist de la Bretonnière.

G. vj^{xx}.

ARCHIERS

Jaques d'Esprevilles [3].

Denis Boudin.

Jean Casteloigne.

Vincent d'Avennes.

Pierre le Clerc.

Le bastart d'Estichan.

---

[1] M. le baron Hulot de Collart propose de lire « Tuffin » (vicomte de la Rouërie en 1613), qui est le nom d'une race illustrée, dans la période révolutionnaire, par son patriotique dévouement au Roi ; mais on trouve en Artois une famille Taffin, ayant pour devise : « Pense à *ta fin !* » (Rietstap, *Armorial général*, 2⁰ éd., t. II, p. 879.)

[2] Samson.

[3] « Jacques d'Espeuilles », selon M. le baron Hulot de Collart. Six localités de Normandie portent le nom d' « Épreville « ou « Épréville ». (*Dict. des postes*).

Robinet de Brissac.
Anthoine Merlac.
Guillaume le Moyne.
Pierre le Prevost.
Jean Bense.
Jean Doré.
Guillaume le Fay.
Jean destaquerons.
Jean d'Assier.
Jean de Bulletot.
Pierre Poissonnet.
Pierre le Gorgias.
Méry de Faverolles.
Guillaume de Villenefve.
Jean Cuisac.
Jaques Hanart [1].
Jean Gazeau.
Guillaume bastart du Conec [2].
Guillaume de Houtot [3].
Guillaume de la Tillaye.
Guillaume de Concy.
Jean Stolin, dit le pape.
Guillaume Fournier.
Gilles de Mauterne.
Jeannet de la Tillaye.
Mace Savare.
Estienne Fontaines.
Pierre du Houx.

[1] Havart ?
[2] Du Coüet.
[3] Hotot.

Jean du Long de la Heuze.

Colin Richier.

Bernard de Nancelles.

Christofle de Bailleul.

Jean de Mauville.

Jaques de Bedasne.

Jaquin de Thionville.

Jaques Harcambourg.

Bernard le Roy.

Robinet Broquart.

Guion de Collegan [1].

Jean de Pimont.

Michau Cabaret.

Jacques Manterne [2].

François de Longaulnoy.

Henry le Marchant.

Colin Andis [3].

Guillaume Vibert.

Jean de Besnel [4].

Jean Hudebert.

Colas Hermen.

Colas Tombelon.

Jean Mallet.

Pierre de Manneville.

Alain le Hauteux.

Jaques Hoichmen.

[1] Guyon de Coëtlogon, chevalier, seigneur de Méjusseaume et de la Gaudinaye. (Saint-Allais, t. IX, p. 261.)

[2] Mauterne.

[3] Audis. — Le 30 août 1368, G. Auxdis, maçon, donne quitt. de salaire à R. Assire, vicomte de Falaise. (*Preuves*, n° 23.)

[4] Busnel.

Henry Pieries [1].
Jaques Estart.
Robinet Tardif.
Estienne des Champs.
Guillaume Busnel.
Jean de Chamboy [2].
Richart Picot.
Gillot Marguerie.
François de Gugnart [3].
Marguerin de Pons.
Thomas Ausire.
Jean Bazan.
Guillaume Coruegrüe [4].
Christophe Mannoury.
Pierre le Normant.
Raoul d'Estampes.
Colin Guerye.
Jean Piquet.
Le bastard de Mathan.
Thomas Platel.
Marguerin de la Serre.
Guillaume le Cerf.
Jacquet dumont.
Jourdain Paris.
Richart Cantel.
Robinet Sallaire.
Adam Bellée.

[1] Pierres ou Pierry.
[2] Chambay, ramage de Tilly.
[3] Guignard.
[4] Cornegrue.

Jean de Vernon.
Macé Bon corps.
Guillaume le Preuost.
Henry Malortye.
Pierre Thibault.
Jean Thibault.
Jaques Thibault.
Guillaume le Nom.
Jaques Godart.
Christophle Bigot.
Thomas de Morant.
Regné de Longuemare.
Tassin Monton.
Estienne de Morant.
Thomas de Rouilly.
Jean Roguart[1].
Jean Loyson.
Jean le Masson.
Philipert Quenalier[2].
Colin Brunet.
Nicolas Bigot.
Petit Jean Nyollet.
Gieffroy de la Caque.
Cardin Papillon.
Gillet de Sains.
Jean Godart.
Martin Menneiser[3].
Henry le Corne.

[1] Rognart.
[2] Quevalier?
[3] Mennessier ou Manessier.

Raoul Quenalier.

Jean Manivel.

Guillaume d'Avoynes.

Nicolas la Caille.

Thomas de Lannoy.

Jean Paon.

Jean le Normant.

Michelet le Gallont.

Le bastart Vandalle.

Bardin Caumin.

Toussaint Bosquet,

Richart Quidel.

Jeannet Sombert.

Girardin Gueroult.

Richart Chanu.

Guillaume de la Cousture.

Thassin Féron.

La Trompette.

Pierre Morel.

Martin Barette.

Jehannequin Tardif.

Jean d'Estin.

Jean, bastard de Segrie.

Guillaume le Pelletier.

Jean Sallart[1].

Pierre Gruel.

Estienne Onaury.

Jacquet Bonnart.

Gabriel Luxembourg.

Gieffroy Bonnart.

[1] Saillard.

Robert de Clamorgan.
Guillaume le Riche.
Minault Thierry.
Guillaume Rouxel.
Gillet Beauvisaige.
Colin Boytel.
Jaques de Sainctouen.
Gaultier d'Aulnoy.
Guyon de Longuyon.
Robinet de Lourmel.
Macé Criquet.
Blanchet Coignet.
Adam Carpe.
Jaques Landigois [1].
Robin le Clerc.
Pierre Oquier.
Machault Lambert.
Colin le Fevre.
Jean de Strepagny [2].
Thomas Robin.
Roger des Aches.
Guillaume le Roy.
Guillaume Goret.
Jean de la Lande.
Guillaume d'Argences.
Jean de Cailly.
Pierre de Cailly.
Girard de Rondes.
Pierre Fremin.

[1] Laubigeois ?
[2] Étrépagny.

Jean Tassel.

Simon de Longuemare.

Jean Basquet.

Nicolas de la Mote.

Loys de Rouille [1].

Mahiet de la Vosve.

Lois le Roux.

Guillaume Hesuart.

Jean de Mathen.

Jean Gambier.

Guillaume de Loucelles.

Pierre Fanneau.

Thomas de Ronnay.

Denisot de Myharenc [2].

Jaquet le Bouteiller.

Oliuierd Bonard.

Richart du Brueil [3].

Petit Jean le Gros.

Guillaume Terrée.

Charlet Regnault.

Clement Agastoing.

Jean, bastard de Crueilly [4].

Germain de Manneville.

Guillaume des Noctes [5].

[1] Rouville.

[2] Méhérenc.

[3] « Du Cruci », selon M. le baron Hulot de Collart. C'est « du Breuil », d'ancienne noblesse de Normandie.

[4] Creully.

[5] Très probablement la même que « Guillaume des Notti », marié vers 1500 à Guillemette Courtin, et qui était sans doute d'origine italienne. (O. de Poli, *Hist. généal des Courtin*, p. 178.)

Robinet Tallon.

Pierre Suhart.

Jean Provaine [1].

Robert Sauvaige.

Baltasard, bastard de Cordey [2].

Richart le Valloir.

Loys de Lisle.

Richart de Bourbon.

Robert Pinel.

Guillaume Berruyer.

Nicolas du Broys.

Jaques Corps domme.

Guillaume Durant.

Colinet Raoul.

Jean de Haigneul.

Simonnet Tirel.

Benart de Baqueville.

Jean Larcher.

Benard de la Roque.

Thomas de la Motte.

Guillaume Marye.

Macé de Brueilly [3].

Pierre Gamas.

François le Gendre.

Colin Veau.

Jean le Breton.

[1] Autre nom italien, Provana, d'ancienne et illustre noblesse. (O. de Poli, *Nobiliaire des croisades*, notice *Bonadona* ; dans la revue *La Terre Sainte*, nᵒ 219, 15 août 1884. — Cf. Rietstap, vᵒ *Provana*.)

[2] Corday.

[3] Breuilly.

Jean Jean.
Jaquet Vaubrun.
Gilles de la Luserne.
Jean de Baqueville.
Guillaume Tonen [1].
Robert de Bechon.
Gillet le Hogays.
Pierre Pinel.
Thomas Sannograin [2].
Jean Baron.
Thomas de Glatigny.
Thomas le Cheualier.
Richard le Gros.
Jean de Herbouville.
Jean Poisson.

G. xij[xx].

Nous, Jean Mannoury, Sg[r] du Mont de la vigne, con[er] et chambellan du roy nostre sire, commiss[re] en cette partie cy dessus nommé, certifie a nos S[rs] des comptes et tous autres q[l]. apartiendra q. nous avons veus et visité par forme de monstre et reveue tous les six vingts hommes darmes et douze vints archers cy dessus escrits, estans de lordonnance du roy nostre d. sire sous la charge et conduitte des cap[nes] cy dessus nommez et escrits, lesq[ls] avons treuvé en bon et suffisant habillement de guerre p[r] seruir le Roy nostre sire au fait de ses guerres et partout ailleurs ou il luy plaira, et capables davoir et recevoir les gages et soul-

---

[1] Probablement « Conan », famille dont le nom est souvent écrit « Conen » dans les anciens titres.

[2] Sauvegrain.

des a eux ordonnees par le Roy nostre d. sire p^r ce
present quartier de janvier, fevrier et mars. En tesmoing de ce nous avons signé ce p^nt roolle de nostre
main et fait seeller du seel de nos armes les jo^rs et ans
dessusd.

MANNOURRY.

En la p^nce de moy Richard Leuesque, commis de
Me Jacques Berzeau, not^re et secrét^re du roy nostre
sire et secret^re de sa guerre, tous les 120 hommes
dar. et douze vingts archers de lordonnance du
Roy nostre S. de petite paye, estans sous la
charge et conduite des cap^es particuliers cy dessus
nommés et escrits, ont confessé auoir eu et receu de
Guillaume de la Croix, con^er du d. sire et thre^er de ses
guerres, la so^e de 7200 l. t^z p^r leurs gages et soulde de
ce p^nt quartier de jan^er fev. et mars qui est au feur de
10 l.t^z p^r ch^un desd. hommes darmes et de cent solz tournois p^r ch^un desd. archers par mois, de la q^le somme
de 7200 l.t^z les dessusd. hommes dar. et arch. et ch^un
deux particulierement se sont tenus et tiennent p^r con-
tens et bien payez et en ont quitté et quittent led.
tres^er des guerres et tous autres q^l apartiendra, tesmoing mon seing manuel cy mis le d^er j^r de mars lan
1484 avant pasques.

LEVESQUE.

(Bibl. nat., Cab. des titres, N° 1079, d'Hozier, *Ar-
moriaux et généalogies*, fol. 160-168.) — M^r le baron
Hulot de Collart de Sainte-Marthe, membre hon. du
Conseil Héraldique de France, a publié cette importante montre, avec de savantes annotations, dans l'ex-
cellente *Revue historique de l'Ouest*, septembre 1886.)

80

1520, 20 mai, Darnetal.

Contrat de mariage entre honorable homme Vivien Assire, sieur d'Eaupley, bourgeois de Rouen, et Guillemette le Cavelier [1].

(Voyez ci-après le N° 92.)

81

1551, Rouen.

Honorable homme Guillaume Assire, sieur de Bihorel, conseiller du Roi en la connétablie de Rouen, épouse Marguerite le Turgis.

(*Ibid.*)

[1] Guill. Cavelier, bourgeois de Rouen, tient du Roi, en 1540, dans la châtell. de Montfort, les fiefs de la Lecqueraye et de l'Espiney, et Rob. Cavelier, aussi bourg. de Rouen, le fief de Corneville et la Massue, dans la sergenterie du Mesnil. (H. de Formeville, *Hist. de Lisieux*, t. II, p. 371-375, n°s 117, 145, 188.) Martin le Cavelier servait en 1378 dans la comp. de Girard de Tournebu, chevalier. (*Pièc. orig.*, Tournebu, n° 26.)

82

1585, Rouen.

Gervais Assire, écuyer, sieur de Bihorel, conseiller du Roi et son lieutenant en la juridiction du taillon des gens de guerre, épouse Isabeau Carrel.

(*Ibid.*)

83

1602, 21 février, Bourgtheroulde.

A tous ceulx qui ces l^{res} verront, Jherosme darcanat, sieur de Hubecourt, gentilhomme ordinaire de la chambre du Roy, cappitaine et gouverneur de la ville et chasteau du Pontaudemer, garde du scel des obliga^{ons} de la viconté du Pontautou et du d. Pontaudemer, salut. Sçavoir faisons que par devant Pierres Bauldry et Anthoine le Boucher, nottaires et tabellions royaux jurez en lad. viconté du Pontautou au siège du Bourgtheroulde, fut present honn. homme Jehan Assire, filz de Geuffroy, bourgoys dem. à Rouen. paroisse St Maclou, lequel, de bonne voulonté, sans contraincte, bailla a fieffe et a rente a fin d'heritage a tousiours, pour luy et ses hoirs, a Richard Toustain, filz de Jehan, dem. en la paroisse du Houllebec, present, qui con-

fessa avoir prins aud. tiltre de fieffe pour luy et ses
hoirs, c'est assavoir une pièce de terre en closaje ainsy
cloze de haies et fossez quelle est et plant y estant,
conten. troys vergeez assize en la paroisse St Denys
du Bosguerard au hamel des Mygottieres, bourn. dun
costé et dun bout les rues, daultre costé Symon Ma-
restz, et daultre bout Estienne Denys, chargée de
rente seigneurialle a portion de [rongé] MARGUERY
ASSIRE, tenue de la seigneurie du Houllebec, la baille
et prinse a fieffe et a rente ainsy faicte pour le prix et
somme de soixante solz que led. Toustain en sera tenu
paier de rente par chacun an au terme du jourdhuy,
premier paiement commençant du jourdhuy en un
an, et ainsy contynuer à ladvenyr, par ce que, en
cas ou led. Toustain seroit deffaillant de paier cinq
anneez des arrerages de lad. rente lun sus laultre, en
ce cas icelluy ASSIRE le pourra mectre hors de lad.
fieffe et le faire paier des arrerages lors deubz et es-
cheuz sans aulcune sollempnité de justice. Et partant
lesd. parties ont acordé que aultre contract de fieffe
qui auroit esté faict dud. héritage par le pere dud.
ASSIRE au pere dud. Toustain demeure quassé et de
nul effect, dont du tout lesd. parties sont demeurez
dacord et bien comptentz par devant lesd. tabellions,
promectantz, assavoir led. ASSIRE garan. et deffendre
vers tous lad. fieffe, et led. Toustain faire paier et contynuer lad. rente, comme dict est, sur lobliga^{on} de tous
leurs biens et ceulx de leurs hoirs, meurbles et immeur-
bles, presentz et advenyr. En tesmoing de ce, nous, a la
rella^{on} desd. tabellions, avons mis a ces l^{res}, faictes pour
led. ASSIRE, le scel dessusd. Ce fut faict et passé aud.

lieu du Bougtheroulde le jeudy avant midi vingt et ungiesme jour de febvrier lan de grace mil six centz deux, presentz honn. homme Jehan Desson et noble homme Anthoine Ozenne, seigneur des Vallotz, tesmoingtz qui ont signé suyvant lordonn.

P. Bauldry.   A. le Boucher.

(Archives de Mr Edmond Assire.)

84

1630.

Marguerin Assire, IIe du nom, épouse Barbe le Sage.

(Voyez ci-après le N° 92.)

85

1667, 9 février.

Contrat de mariage entre Marguerin Assire, IIIe du nom, et Barbe le Sage.

...Pour parvenir au mariage qui, au plaisir de Dieu et de nostre mère saincte Eglise, sera faict et célébré entre honorable homme Marguerin Assire, fils de deffunct Marguerin Assire, de la paroisse de la Haie du Theil, et de Barbe le Sage, fille de honorable homme Jean le Sage, de la paroisse de Thuit Anger, père et mère, d'une part ; et honeste fille Barbe le Sage, fille de feu Nicolas le Sage et de Marie le Noble, ses père et mère, d'autre part, Ont esté faicts les accords et conventions du futur mariage tels qui ensuivent....

Signé : MARGUERIN ASSIRE.   BARCE LE SAGE.

BARBE LE SAGE.   MARIE LE NOBLE.

JEAN LE SAGE.   M. LE NOBLE.

(Archives de Mr Edmond Assire.)

86

1691, 29 janvier, la Haye-du-Theil. — *Contrat de mariage entre Pierre Assire et Françoise Rogery.*

A tous ceux qui ces presentes lettres verront, Jean Dosmont, avocat en la cour, bailly du duché d'Elbeuf, salut. Sçavoir faisons que par devant Louis Duchemin, tabellion juré aud. duché d'Elbeuf pour le siège de la Haie-du-Theil, et maistre Guillaume Louvel, sergent royal au dict lieu, pour parvenir au traicté de mariage qui, au plaisir de Dieu, sera faict et célébré en face de Saincte Eglise Catholicque, Apostolicque et Romaine, entre honorable homme PIERRE ASSIRE, fils de deffunct MARGUERIN ASSIRE et de Barbe le Sage, ses père et mère, assisté et conduict par honorable homme maistre Salomon le Sage, et Jean le Sage et Pierre Desportes, ses oncles maternels, — et

honn. fille Françoise Rogerey, fille de deffunct Phi
lippe Rogerey et de Françoise de Morainville, assistée
et conduicte par hon. homme Jean de Morainville,
son grand ayeul, de Christofle de Morainville, son
oncle, et de plusieurs autres proches parens....

Signé: PIERRE ASSIRE,   FRANÇOISE ROGEREY.
      BARBE LE SAGE.   F. DE MORAINVILLE.
      SALOMON LE SAGE.   JEAN DE MORAINVILLE.
      JEAN LE SAGE.   G. DE MORAINVILLE.
      DESPORTES.
           DUCHEMIN.

(Ibid.)

87

1722, 30 juillet.

*Contrat de mariage entre Jean-Pierre Assire et
Anne Querville.*

Pour parvenir au mariage qui, au plaisir de Dieu.
sera faict et célébré en face de nostre mère saincte
Eglise Catholique, Apostolique et Romaine entre honorable personne JEAN-PIERRE ASSIRE, fils de deffunct
PIERRE ASSIRE et de Françoise Rogerey, ses père et
mère, d'une part, — et honorable femme Anne Querville, fille de deffunct Nicolas Querville et de Renée
Sevaistre, ses père et mère, d'autre part... Le dict
Assire en la présence et du consentement de la dicte

dame Rogerey, sa mère, du sieur Pierre Saint-Amand, son frère en loy, et autres ses parens, soubzsignés ; et la dicte Anne Querville, veuve Ansoult, en la presence et du consentement de la dame Renée Sevaistre, sa mère, de hon. homme Jean Querville et David Hébert, ses frères en loy, et autres ses parents et amis, soubzsignés....

Signé : J. P. ASSIRE.   ANNE QUERVILLE.
     P. SAINT-AMAND.   RENÉE SEVAISTRE.
     JEAN SAINT-AMAND.   JEAN QUERVILLE.
                           HÉBERT.
                           D. HÉBERT.

(*Ibid.*)

88

1758, 12 septembre. — *Contrat de mariage entre Jean-Pierre Assire et Marie-Catherine Querville.*

Pour parvenir au mariage qui, au plaisir de Dieu, sera fait et célébré, en face de nostre mère saincte Eglise Catholique, Apostolique et Romaine, entre sieur JEAN-PIERRE ASSIRE, fils de sieur JEAN PIERRE ASSIRE et de feue Anne Querville, dem. en la par. de Saint-Georges du Theil, ses père et mére, d'une part, — et Marie-Catherine Querville, fille de Jean Querville, officier aux monnoyes de Normandie, et de Ma-

rie Querville, dem. en la par. de Tourville, veuve de
Nicolas Martin le Sage, bourgeois de Rouen, y demeu-
rante rue et par. St Denys, d'autre part, ont esté faits
les accords qui ensuivent...

 Signé : M. C. Querville.   J. P. Assire.
     J. Querville.   J. P. Assire.
   Marie-Marthe Querville. A. Tassel.

(Ibid.)

89

1791, 5 mai, le Gros-Theil. — *Mariage entre Gabriel-Amand Assire et Marie-Julie Amelot.*

Le lundi 5 de mai 1791, après la publication du futur mariage entre Gabriel-Amand Assire, bourgeois
de Rouen, dem^t en la paroisse St-Etienne la grande
Eglise, fils majeur de Jean-Pierre Assire et de Marie-
Catherine Querville, ses père et mère, de cette paroisse,
d'une part, — et demoiselle Marie-Julie Amelot, fille
majeure de Charles Amelot, bourgeois de Rouen, et
de Dame Marie-Madeleine Zeré, ses père et mère, de
la par. St-Maclou, d'autre part, — faite, tant en cette
paroisse qu'en celles de S^t- Etienne la grande Église
et St-Maclou de Rouen, les 25, 26 avril dernier et 1er
mai, sans qu'il se soit trouvé aucun empêchement ni
opposition, toutes formalités dûment observées ;

Nous, Curé soussigné, du consentement de M^r le

Franc, Curé de St-Maclou, avons donné, après les fiançailles célébrées d'hier, la bénédiction nuptiale du consentement et en présence de Mr Jean-Pierre Assire, père de l'Époux, de Mr Charles Amelot, père de l'Épouse, qui ont signé avec nous, et de Mrs Jean-Pierre Martin, Louis-François Léger, Jean le Gay et Jean Barbier, témoins qui ont avec nous signé.

Regnoult, curé.

(Arch. de la Comm. du Gros-Theil, Reg. paroiss.)

90

1792, 7 novembre. — *Contrat de mariage entre Louis-Edmond Assire et Marie-Geneviève-Dorothée Lambert.*

Pour parvenir au mariage qui, Dieu aydant, sera célébré, en face de l'Eglise Catholique, Apostolique et Romaine, entre Louis-Edmond Assire, fils de Jean-Pierre Assire et de Marie-Catherine Querville, dem. en la par. de Saint-Georges-du-Theil, d'une part, — et Marie-Geneviève-Dorothée Lambert, fille de Jean-Baptiste Lambert et de Marie-Marguerite Loiseleur, dem. ensemble en la par. de Saint-Eloi-de-Fourques, d'autre part....

(*Ibid.*)

91

1813, 2 octobre, le Neubourg. — *Contrat de mariage entre Pierre-Edmond Assire et Marie-Aline
Clavier.*

Napoléon, par la grâce de Dieu et les constitutions
de l'Etat, Empereur des Français, roy d'Italie et pro-
tecteur de la Confédération du Rhin, à tous présents
et à venir, salut. Faisons savoir que, par devant Jac-
ques-Antoine Dupuis, notaire impérial à la résidence
du bourg du Neubourg, chef-lieu de canton, arrondissement communal de Louviers, département de l'Eure,
soussigné, en présence et assisté des témoins ci-après
nommés et aussi soussignés, furent présents Monsieur
Pierre-Edmond Assire, fils encore mineur de Monsieur
Louis-Edmond Assire et de Dame Marie-Geneviève-
Dorothée Lambert, natif de la commune de S¹ Geor-
ges-du-Theil (Gros-Theil), y demeurant chez Monsieur et Madame ses père et mère, propriétaires au
dit lieu, d'une part ; — et demoiselle Marie-Aline
Clavier, fille majeure de Monsieur Pierre-Etienne-
François Clavier, maître en chirurgie, et de Dame
Marie-Barbe Selle ; la dite Demoiselle originaire de ce
lieu du Neubourg, y demeurant chez mes dits Sieur
et Dame ses père et mère, d'autre part ; — Lesquels
dans la vue du mariage projeté entr'eux en ont par
ces présentes fait et arrêté les conventions civiles

ainsi et de la manière qu'il suit... en présence, par l'avis du consentement et de l'autorisation, savoir, du côté, du dit sieur Assire, futur époux, de mes dits sieur et dame ses père et mère, de M^r et Mme Claude-Martin Lambert, ses oncle et tante, et de Mr Just-André-Charles-René Mameaux, propriétaire, dem. en la comm. de Calleville, son oncle ; et du côté de la dite demoiselle future épouse, de mes dits sieurs et dame ses père et mère, demoiselle Cécile-Zéphirine Clavier, sa sœur, et Mr Arsène-Victor Le Chevalier, dem. au Neubourg, son cousin-germain, soussignés.....

Mandons et ordonnons à tous huissiers sur ce requis de mettre ces présentes à exécution, à nos procureurs généraux et à nos procureurs près les tribunaux de première instance d'y tenir la main, à tous commandans et officiers de la force publique d'y prêter main forte, lorsqu'ils en seront légalement requis.

En foi de quoi nous avons fait sceller ces dites présentes, qui furent faites et passées au dit Neubourg le samedi 2e jour du mois d'octobre 1813.

En marge est écrit :

Enregistré au Neubourg le 7 octobre 1813, fol. 85 r°, cases 1, 2, 3, 4, etc.

Dupuis, notaire.

(*Ibid.*)

92

1844, 15 juillet, Rouen. — *Contrat de mariage entre Gustave-Edmond Assire et Clémence le Verdier.*

Par devant Mᵣ Auguste Follin et son collègue, notaires à Rouen, soussignés, ont comparu Mᵣ Gustave-
Edmond Assire, dem. à Rouen rue aux Ours, 24 bis,
fils de Mᵣ Pierre-Edmond Assire, propriétaire, vivant
de ses revenus, et de madame Aline Clavier, son
épouse, dem. ensemble au Gros-Theil, canton d'Amfreville-la-Campagne, arr. de Louviers, Eure, stipulant
en son nom personnel comme majeur et libre, d'une
part, — et mademoiselle Clémence le Verdier, sans
profession, dem. chez Mᵣ et Mᵐᵉ ses père et mère, ci-
après nommés, fille de Mᵣ Pierre-Jean le Verdier, propriétaire, vivant de ses revenus, maire de la commune
de Belmesnil, arr. de Dieppe, et de Mᵐᵉ Euphrosine-
Madeleine-Prudence Lepape, son épouse, dem. ensemble au château de Belmesnil et résidant à Rouen, bou-
levard Cauchoise, 47, stipulant en son nom personnel
comme majeure et libre ; — lesquels comparants ont
arrêté dans les articles suivants les conventions civiles
du mariage projeté entre eux... Fait et passé à Rouen
en la résidence de Mᵣ et Mᵐᵉ le Verdier, l'an 1844, le
15 juillet, en présence et de l'agrément des parents
et amis ci-après nommés des futurs époux ; savoir, du
côté du futur époux : Mᵐᵉ Clavier, aïeule maternelle ;

Mr Amand Lambert, oncle maternel ; Mr LOUIS-AMAND ASSIRE, oncle paternel ; Mlle CÉLINE ASSIRE, cousine-germaine ; du côté de la future épouse : M^r et Mme Burel, beau-frère et sœur ; Mrs Narcisse, Eugène, Edouard, Jules, Ferdinand et Alfred le Verdier, frères ; Mme veuve Burel, tante ; M^r et Mme Lemaître, cousine et cousin, et Mr Bobée, ami..... — Enregistré à Rouen le 16 juillet 1844, folio 186 v°, case 5.

FOLLIN.   BORDIN.

(*Ibid.*)

93

1883, 15 mars, Tourville-la-Campagne. — *Etat généalogique de Mr Assire (Pierre-Edmond), de Rouen, dressé, sur titres et documents produits, par Me Louis-Victor Leheu, Notaire au dit Tourville.* — Extrait.

III. — GUILLAUME ASSIRE, sieur d'Eaupley, bourgeois de Rouen et syndic des marchands de place unis de la paroisse Saint-Herbland, marié en 1480 à Anne Crevel. (*Extr. des anc. Reg. de la Chambre des Comptes de Norm.*)

IV. — Honorable homme VIVIEN ASSIRE, sieur d'Eaupley, bourgeois de Rouen, marié à Guillemette le Cavelier, par contrat passé devant les tabellions de Darnéthal, le 20 mai 1520. (*Ibid.*)

V. — Honorable homme GUILLAUME ASSIRE, sieur

de Bihorel, conseiller du Roi en la connétablie de Rouen, marié en 1551 à Marguerite le Turgis, dont plusieurs enfants. (*Ibid.*)

VI. — GERVAIS ASSIRE, écuyer, sieur de Bihorel, Conseiller du Roi et son lieutenant en la juridiction du Taillon des gens de guerre, à Rouen, et y habitant la paroisse de Notre-Dame-de-la-Ronde, marié en 1585 à Isabeau Carrel. — Jacqueline Assire, sa sœur, fut mariée au Sr Piquefeu, procureur au parlement. (*Ibid.* — *Extrait pour la taille*, 1765.)

VII. — MARGUERIN ASSIRE, marié en 1630, à Barbe le Sage. Il est dit père de Marguerin, dans le contrat de mariage de ce dernier avec autre Barbe le Sage.

VIII. — MARGUERIN ASSIRE, habitant à Saint-Georges-du-Theil, marié en 1667 à Barbe le Sage.

IX. — PIERRE ASSIRE, né en 1669, notaire juré à Elbeuf pour le siège du Theil, marié, par contrat du 20 janvier 1691, à Françoise Rogerey.

X. — JEAN-PIERRE ASSIRE, né en 1701, domicilié au Gros-Theil ; marié, par contrat du 30 juillet 1722, à Anne Querville ; décédé en 1781.

XI. — JEAN-PIERRE ASSIRE, IIe du nom, juge-de-paix, député du Tiers-Etat à l'Assemblée provinciale, en 1788 (*Annuaire historique des communes du département de l'Eure*, v^o Grostheil) ; marié, par contrat du 12 septembre 1758, à Marie-Catherine Querville.

XII. — LOUIS-EDMOND ASSIRE, né en 1765, membre du Conseil Général du département de l'Eure ; marié, à St-Eloy-de-Fourques, le 7 novembre 1792, à Marie-Geneviève-Dorothée Lambert ; décédé au Gros Theil en 1836.

XIII. — Pierre-Edmond Assire, 'maire du Gros-Theil, marié à Aline Clavier.

XIV. — Gustave-Edmond Assire, marié à Clémence Le Verdier.

XV. — Pierre-Edmond Assire.

« De ce que dessus il a été dressé le présent acte, pour servir et valoir ce que de raison, et à l'appui duquel M{^r} Assire a représenté la copie, faite sur une feuille au timbre de soixante centimes, d'un extrait des anciens registres de la Chambre des Comptes de Normandie, laquelle copie a été certifiée véritable.. »

(Expéd. en parch., signée Leheu.)

94

1884, 12 juillet, Caen. — *Lettre de M{^r} Eugène Chatel, archiviste du département du Calvados.*

«... Recherches infructueuses. Nous n'avons rien pu trouver encore sur la famille Assire, bien qu'elle figure, *par une erreur de lecture*, dans la liste des dossiers des familles nobles classées dans les archives..... »

(*Archives du Conseil Héraldique de France.*)

95

« Assire, Normandie : *D'argent à trois hures de sanglier de sable, au chef du même.* »
(Rietstap, *Armor. général*, 2ᵉ édit., t. II, page 1186.)

96

Catalogue des 119 défenseurs du Mont-Sᵗ-Michel, en 1423.
«... Le Sʳ Jean Massire... »
(Du Moulin, *Hist. de Norm.*, Catal., p. 52.)

97

Liste générale des défenseurs, de 1420 à 1427.
«.... Louis d'Estouteville, 7ᵉ capitaine de ce Mont, le Sʳ des Pesnaux (Paynel), Jean des Wys, chevaliers. Colin de Clinchamp, Alain de Socenast (Sottevast), C. et L. Pigace, Nel, G. de Prestel, G. Auber, L. Massire, Yves Brioux Vague de mer, etc. » (En tout, 190 noms ; mais vingt au moins font double emploi.)

(P. Féval, *Merv. du M^t-St-Mich.*, *p.* 244, 248, 275-276.)

98

« *Les Gentilshommes qui défendirent le Mont-Saint-Michel sous la conduite du sire d'Estoutteville, contre les Anglais, l'an 1424.*

« Etienne Auber, Richard de Clinchamp, le sire aux Epaules, JEAN DE MASSIRE, F. du Merle, le sire Paisnel, J. de Pigace, T. de Pirou, G. le Prestel, Foulques de Sainte-Marie, S. de Tournebu, Yves Prieur Vaugedemer, etc. » (En tout, 101 noms.)

(Saint-Allais, *Nobil.*, t. VI, part. II, p. 325-326.)

99

Liste des 99 défenseurs du Mont-Saint-Michel, d'après Dom Huynes.

« ... E. Auber, F. de Marcillé, E. d'Orgeval,.... L. MASSIRE ou MASIRE, de la Mare, etc. »

(E. Corroyer, *Descr. de l'abb. du M^t-St-M.*, p. 280.)

100

Liste des défenseurs d'après « un manuscrit d'un docteur de Sorbonne, curé de St Gervais d'Avranches (l'abbé Cousin), qui avait été en relation avec les plus savants religieux du Mont-Saint-Michel » :

« ... J. MASSIRE OU MASIRE. »

(L'Abbé Desroches, *Hist. du M^t-St-M.*, t. II, p. 151.)

101

Liste des chevaliers, etc., d'après Dom Huynes.

« ... J. MALSIRE... »

(Mgr Deschamps du Manoir, *Hist. du M^t-St-M.*, p. 125.)

102

Liste des 119 gentilshommes qui défendirent le Mont-St-Michel en 1423.

« ... JEAN MALSIRE... »

14

(E. de Magny, *Nobil. de Norm.*, t. I, p. 7.)

103

Les défenseurs du Mont-St-Michel :
                    « ... L. MASSIRE... »
(Ed. le Héricher, *Mont-St-M. monum. et historique*,
p. 193.

104

*Liste envoyée vers 1670 aux Bénédictins de St-Ger-
main-des-Prés (Dom Huynes,) et que l'auteur déclare
préférer à celle du docteur Cousin, curé de St-Gervais
d'Avranches, quoi qu'elle soit assez exacte. »*
                    «.. L. MASIRE (*sic*)... »
(L'Abbé E.-A. Pigeon, *Descr. hist. et monum. du
M^t-St-M., p. 74.*)

105

Liste de Dom Huynes.
a Extrait des Archives [de l'abbaye.]
« *Des noms des Gentilshommes qui deffendirent
cette place durant le règne de Charles VIIe, roy de
France.*

« Suivent les noms et armes des Gentilshommes
lesquels, avec le S^r d'Estouteville, capitaine de ce
Mont-St-Michel, gardèrent la d. place contre la puissance des Anglois qui pour lors occupoient toutte la
Normandie, hors mis ce lieu, durant le règne de Charles 7e, lesquels noms ont esté remis icy (en l'église de
l'abbaye) par les Religieux de ce lieu suivant l'ordre
trouvé dans les archives de cette abbaye, le 10e mars
1630.

« ... L. MASCIRE ou MASIRE... »

(Bibl. Nat., ms. lat. 18947, p. 101, et 18948, p. 105.
— Dans ce 2e manuscrit Dom Huynes avait d'abord
écrit « L. MASSIRE ou MASIRE » ; puis il a biffé le 2e s
de Massire et mis au dessus un c.)

106

« *Noms des 119 Gentilshommes qui défendirent le
Mont-St-Michel, en 1423.*

« Le S^r destouteville, capitaine. Le Sr Paisnel... Le
Sr I. Pigasse. Le Sr I. de Carrouges. Le Sr G. le Prestel.
Le Sr I. Benoist. Le Sr Etienne Aubert... LE Sr JEAN
MASSERE. Le Sr de la Mare. Le Sr Yves le Prieur Vague
de mer. Le Sr de Crullé. Le Sr I. Dravart. Le Sr I. le
Carpentier. Le Sr I. de Pontfoul, etc. »

(*Le Hérault d'armes*, 1861-1863, t. I, p. 144-145.)

ADDENDA ET ERRATA

Page 11, notes, ligne 1 :
Au lieu de « à l'ouest », lire « à l'ost ».
Page 35, ligne 24, ajouter:
D'aucuns l'appellent « le Sᵗ Jean Massere ». (*Preuves, 106*).
Page 36, ligne 26, lire : « l'existence en Normandie ».
Page 39, notes, ligne 5, ajouter :
« Ains une cheminee s'assistrent lez a lez. » (*Parise la duchesse*, v. 117.) — « ... et assistrent nostre ost par devers la terre... » (Joinville, *Hist. de S. Louis*, ch. 27.)

INDEX DES NOMS

INDEX DES NOMS

(LES NOMS DE LIEUX SONT EN ITALIQUES)

A

Abancourt, 73, 211.
Abbeville, 21, 63.
Abbeville, 21.
Abrely, 194.
Achard, 91.
Aches (des), 219.
Achy, 152.
Aclou, 135.
Affetié (l'), 145,
Agastoing, 220.
Agénois, 49.
Aigreville, 197.
Alamartine, 6.
Alençon, (le comte d'), 67, 123-125, 128, 135.
Alisy, 158.
Amelot, 44, 231, 232.
Amfreville-la-Campagne, 42, 43, 235.
Amiens, 21.
Amphernet, 79, 131.

Ancel, 197, 198.
Ancouel, 135,
Andely, 73.
Andis, 215.
Angleterre,, 8, 11, 47-51, 54, 60-64, 74, 83, 141, 151, 206.
Angoumois, 49.
Anjou, 18, 49, 209.
— (le duc d'), 78.
Anselme (le P.), 7.
Ansoult, 44, 230.
Arcanat, 225.
Argences, 219.
Argentan, 91.
Argouges, 209.
Armagnac, 62.
Arnould, év. de Lisieux, 8.
Arpajon, 20.
Arques, 145, 159, 165,

B

C

D

E

F

G

I

J

L

M

P

S

T

W

Y

Z

TABLE DES MATIÈRES

FIN DE LA TABLE

Imprimerie de DESTENAY, à Saint-Amand (Cher).

SAINT-AMAND. — IMP. ET STÉRÉOT. DE DESTENAY.

* 9 7 8 2 3 2 9 5 9 3 8 9 0 *